軻既取圖奏之，秦王發圖，圖窮而匕首現。因左手把秦王之袖，而右手持匕首揕之。未至身，秦王驚，自引而起，袖絕。拔劍，劍長，操其室。時惶急，劍堅，故不可立拔。荊軻逐秦王，秦王環柱而走。群臣皆愕，卒起不意，盡失其度。而秦法，群臣侍殿上者，不得持尺寸之兵；諸郎中執兵皆陳殿下，非有詔不得上。方急時，不及召下兵，以故荊軻乃逐秦王，而卒惶急，無...

戰國大人物

戰國

黃獎 著

嘉賓序

　　古語有云：「以銅為鏡，可以正衣冠；以史為鏡，可以知興替；以人為鏡，可以明得失」。此話出於唐太宗李世民之口，以悼念忠臣魏徵之死，同時也道出了讀歷史、懂歷史的重要性，就是要了解歷代興衰、王朝更迭的原因，以作為治國方略的重要借鏡。

　　清代學者龔自珍亦言：「欲知大道，必先為史。滅人之國，必先去其史」。這段說話的意思清楚不過：了解歷史，就了解世間大道；要一個國家滅亡，首要是讓它的史觀消亡──踐踏民族歷史、解離民族文化、滌蕩民族自信、破壞民族認同。

　　國家主席習近平亦強調，要「牢記歷史經驗、歷史教訓、歷史警示，為推進國家治理體系和治理能力現代化，提供有益借鑒」。習近平在二十大報告中進一步指出，要「堅定歷史自信，增強歷史主動」，就是要鑒古知今，創造未來，立志於中華民族千秋偉業，致力於人類和平發展，志向崇高，責任重大，使命光榮。

　　由此可見，自古至今，中華民族特別重視歷史的傳承與創造，學習歷史，一方面是知性層面的提昇，了解歷朝興替之因由，從而作為治國理政的借鑒，進而去到感情層面的昇華，以厚植國家民族的身份認同與愛國情懷，再到一國之「根」與「魂」的塑造，五千年歷史，綿延不斷，氣魄恢宏，不但是我國的精神命脈所在，更加是創造人類文明新形態的重要核心價值。

然而，中國歷史源遠流長，資料浩瀚，學校的考評模式又傾向以背誦為主，教科書讀起來難免枯燥乏味。由 2018/19 學年起，雖然香港所有初中生必修中史，但選讀中史的高中學生人數，始終不足整體考生的一成五。教育局最近推出優化方案，學生於 2025/26 學年的文憑試，可以選擇只考卷一，不考卷二，相信此舉可以吸引更多學生修讀中史，有助推動國情教育。

　　要讓歷史活起來，還要更有趣的表達方式。黃獎兄的大作，正好填補學校教育的不足，以活潑生動的說故事方式，以歷史人物為主軸，再配以現今的社會用語，例如以「財神是這樣煉成的」，來介紹范蠡；以「夏姬的蝴蝶效應」，牽引出夏姬的「妖值」；或緊抓人物特徵，例如以「充滿幽默感的老師」來形容萬世師表孔子，以充滿矛盾的「不喜歡打仗的兵法宗師」來介紹孫子，如此「貼地」的寫作手法，讀起來讓人感到趣味盎然。

　　今天，大國之間競爭激烈，國與國的博弈，進化到打訊息戰，抹黑手法層出不窮，我們不但要反駁澄清，也要持續說好中國故事；而持續說好中國歷史的故事，更有助築牢青少年的國家民族意識，任重道遠。感謝黃獎兄的努力，把一個又一個中國歷史人物的故事娓娓道來，讓大家「悅」讀歷史、潮讀歷史。

鄧飛　立法會議員

教聯會副會長
2024 年 7 月

自序

歷史也流行

去年，多謝新城電台的邀請，每天早上安排 5 分鐘「國·家·情·理」環節，讓我可以分享一個歷史小故事。

在有限的時間之內，要剪裁合度，而又保持趣味，著實要多花一點心思，幸好有節目主持陳以禔幫忙，節目延續了一年多，一切順利，亦自成了一套說故事的方法。

不得不說，細讀歷史，當中的趣味往往出人意表。我們看「六國大封相」，以為蘇秦懸樑刺股，學成縱橫術之後，幫助師弟張儀出人頭地；但錢穆先生考證過，蘇秦的年代比張儀晚得多，主要只是幫助燕國對付齊國，沒有戲曲故事那麼風光，卻又多了幾分臥底間諜的戲碼。

大家也可能聽過野史，指秦始皇是呂不韋的私生子，會懷疑這個故事太無稽了吧！不過，歷史中又真的有春申君把小妾送給楚王，結果誕下楚幽王的事件，後人只不過把同樣的情節，套用在更出名的秦始皇身上，真相的奇情熱度，絕不比創作故事遜色。戰國時代還有很多類似的材料，我都寫了在這本《歷史大人物》之中。

今年，新城電台加強節目內容，在不影響早晨節目的前題之下，有可能繼續以歷史為主題，每周加添一個一小時節目嗎？我即時的考慮，不是工作量的問題，而是：「可否保證題材的娛樂性？」

幸好，在撰寫《歷史大人物》的時候，我有一個領悟，能夠在歷史長河中留下痕跡的，通常都是在當時流行的話題，曾經膾炙人口的事情。既然曾經吸引過大眾的注意，自有當中的獨特性，亦多番被引用到潮流創作之上，有了這一條脈絡，逢星期一晚上11點，就生出了《歷史也流行》的節目。

我們常說讀歷史可以鑑古推今，強調歷史的功能，不過，我比較重視當中的趣味，有幸讓讀者喜歡了，自然會懂得運用。古人喜歡用寓言故事闡述論點，大概就是這個道理！

黃獎

香港作家

2024 年 7 月

目錄

軻既取圖奏之，秦王發
圖窮而匕首見，因左手把
秦王之袖，而右手持匕首
之，未至身，秦王驚，自引而起，袖
拔劍，劍長，操其室，時惶急，劍
故不可立拔，荊軻逐秦
秦王環柱而走，群臣皆
卒起不意，盡失其度，而
法，群臣侍殿上者，不得
持尺寸之兵，諸郎中執
皆陳殿下，非有詔不得
方急時，不及召下兵，以故
軻乃逐秦王，而卒惶

導讀

中國歷史年表 夏—清

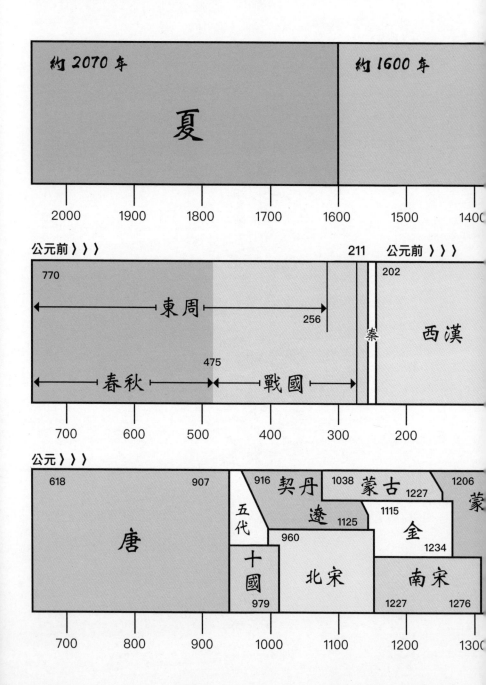

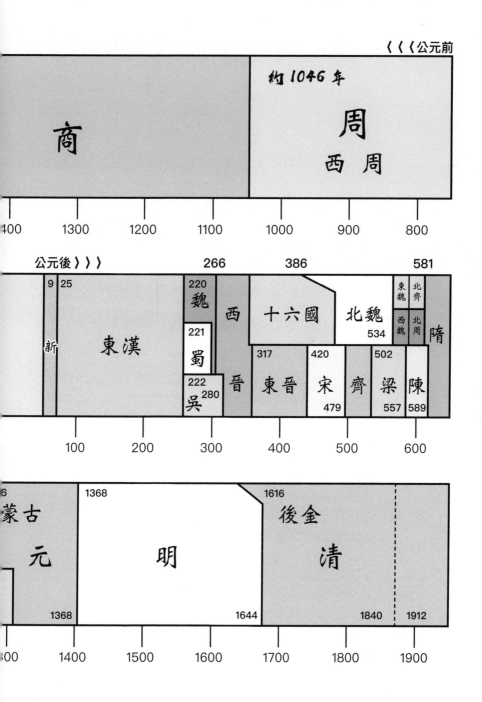

〈〈〈公元前

約 1046 年

商

周

西 周

1400　1300　1200　1100　1000　900　800

公元後〉〉〉　266　386　581

9　25　　　　220　西　十六國　北魏　東魏　北齊

新　東漢　221　蜀　晉　317　420　534　西魏　北周

222　吳 280　東晉　宋　齊　502　梁　陳　隋

479　557　589

100　200　300　400　500　600

蒙古　1368　1616

元　明　後金　清

1368　1644　1840　1912

1400　1500　1600　1700　1800　1900

中國的朝代簡史

　　有人認為，中國古代歷史分為許多朝代，時間跨度長，涉及範圍廣，所以難以學習。不過，如果我們嘗試從另一個角度去接觸歷史，先挑選趣味比較濃的故事，用現代邏輯去分析古人的價值觀，故事越多，就可能越有吸引力。這本書從古代著名人物角度出發，不少名字都是大家耳熟能詳的，從而帶出每個朝代的不同環境，減少學習過程中的負擔。

　　中國古代歷史可以分為神話、傳說、半信史和信史四個部分。先不說神話時代，傳說時代是指在文字出現之前，依靠口耳相傳的歷史，這些資料在後世才用文字紀錄，記入史冊。由軒轅黃帝至堯、舜，甚至大禹治水都屬於這個時代。

由禹帝開創的夏朝和之後的商朝，雖有出土文物及文字記錄為證，但由於資料記載經常中斷，所以被稱為「半信史時代」；到了周朝開始（公元前 841 年），就有了持續的文字記載，歷史沒有間斷，故此，就被稱為「信史時代」。

其中夏朝是「半信史」的第一個朝代，其興起標誌著中華文明的開始，大約在公元前 21 世紀左右建立。夏朝歷史由很多傳說組成，沒有太多實物證據。夏朝的皇帝是「禹」，即是傳說中的治水英雄，被譽為「天下太平之始」，為人們提供了一個相對穩定的社會環境。

夏朝之後，商朝在公元前 16 世紀左右興起。商朝的興起標誌著中國歷史上一個文明的誕生，商朝是中國古代歷史上的一個重要朝代，它的滅亡標誌著中國古代歷史的另一個時期的開始。商朝是一個奴隸制度的國家，它的經濟和文化水平都非常發達，對中國歷史的發展有著深遠的影響。

隨著商朝的滅亡，西周在公元前 1046 年左右建立，周朝是中國歷史上，「半信史」之後的第三個朝代。周朝是一個封建制度的國家，周朝的建立標誌著奴隸制度向封建制度的過渡，周朝的發展對中國的歷史發展產生了深遠的影響。周朝的經濟和文化水平都有了相當大的提高，這也為春秋戰國時期到來奠定了基礎。

春秋戰國時期是中國歷史上的一個重要時期，它的開始標誌著中國歷史的第四個時期的到來。春秋戰國時期是一個動蕩不安的時期，各國相互爭鬥，形成了一個多國分立的格局。春秋戰國時期的發展，為中國歷史上的統一奠定了基礎，也是中國古代文化和哲學思想的繁榮時期。

秦朝是春秋戰國後的第一個大一統王朝，它的建立標誌著中國歷史的第五個時期的到來。秦朝的經濟和文化水平都有了相當大的提高，秦始皇還實行了統一的貨幣制度和度量衡制度。但是，秦朝的暴政和殘酷統治引起了人民的不滿，最終導致了秦朝的滅亡。

漢朝是緊接秦朝的第二個大一統王朝，它的建立標誌著
中國歷史的第六個時期的到來。漢朝的發展，為中國歷古代文
化和哲學思想的繁榮時期。漢朝在政治、經濟、文化等方面都
有著很高的成就，漢朝的統治者還實行了許多有益的改革。

　　漢朝末期進入三國時代，然後就是魏晉南北朝，都是政權
轉換得比較頻密的時間。到了公元 581 年，隋文帝楊堅建立
了隋朝，其政治制度和統治手段相對於以前的朝代來說更加嚴
密和集中。隋朝的建立標誌著中國古代歷史的第七個時期的到
來。隋朝期間，中國的統一程度達到了前所未有的高度，經濟
和文化也有了相當大的進步。

　　不過，隋朝的時間並不長久，很快被推翻了，而之後的
唐朝，是中國歷史上最輝煌的一個時期之一，它的建立標誌著
中國古代歷史的第八個時期的到來。唐朝是一個封建王朝，它
的統治者實行了許多有益的政治、軍事、經濟和文化改革，使
得唐朝成為了中國歷史上的一個繁榮時期。唐朝的經濟和文化
都有了相當大的提高，唐代的詩歌、繪畫、書法等藝術形式都
達到了高峰。

宋朝是中國歷史上的第九個時期，它是中國歷史上最重要的朝代之一。宋朝的經濟和文化發展非常迅速，科技水平也有了很大的提高。宋朝的統治者實行了許多有益的政治、經濟和文化改革，包括增加稅收、推行科舉制度、興辦水利等等。宋朝也是中國文化和藝術的繁榮時期，宋代的詩歌、繪畫、書法等藝術形式都有了很大的發展。

　　元朝是中國歷史上的第十個時期，它是中國歷史上的一個分裂時期。元朝的統治者來自蒙古族，他們的統治手段和文化傳統與漢族有所不同。元朝的經濟和文化發展緩慢，但是元朝在城市建設和交通運輸方面有著相當大的成就。

　　明朝是中國歷史上的第十一個時期，它是中國歷史上的一個重要朝代。明朝的統治者實行了許多有益的政治、經濟和文化改革，包括興辦學校、推進科學技術、加強農業生產等等。明朝的經濟和文化都有了相當大的提高，明代的詩歌、繪畫、書法等藝術形式都達到了高峰。

清朝是中國歷史上的最後一個封建王朝，它的建立標誌著中國歷史的第十二個時期的到來。清朝的經濟和文化都有了相當大的發展，但是它的政治制度和社會制度卻相對落後。清朝在政治、軍事、經濟和文化等方面都遭受了一系列的挫折，最終在 20 世紀初被推翻。

　　總的來說，中國古代歷史是一個源遠流長的歷史過程，它的發展與演變涉及到政治、經濟、文化、社會等多個方面。從夏朝到清朝的歷史過程，展現了中國古代文明和文化的多樣性和繁榮。

　　中國歷史朝代太多好難記？坊間一直流傳著一首七言詩，簡單六句便將中國不同朝代按次序表達出來，大家也可以嘗試用這個方法，避免「硬記」吧。

唐堯虞舜夏商周，

春秋戰國亂悠悠。

秦漢三國晉統一，

南朝北朝是對頭。

隋唐五代又十國，

宋元明清帝王休。

戰國時代

　　戰國時代是中國歷史上的一個重要時期，約從公元前 475 年到公元前 221 年。這段時期因為春秋時代的諸侯國經歷了長期的戰爭和鬥爭，導致中央政權的衰弱和分裂，形成了七大強國，即齊、楚、燕、趙、韓、魏和秦。

　　戰國時代的中國處於分裂狀態，七大國家相互爭霸，進行了無數次的戰爭和外交鬥爭。各國為了擴大領土和增強實力，採取了各種策略和手段，如聯姻、聯盟、外交、謀略和戰爭。著名的戰役有鄗城之戰、長平之戰和桂陽之戰等。

　　在戰國時代，諸侯國的統治者積極推行改革和發展經濟，提倡農業生產、商業貿易和手工業的發展，促進了社會經濟的繁榮。同時，各國的思想家也紛紛建立和發展了不同的學派，如儒家、道家、墨家、法家等，這些學派對中國思想文化的發展產生了重要影響。

　　戰國時代末期，秦國逐漸崛起並統一了中國大部分地區，結束了長期的分裂局面，建立起秦朝。這一事件為中國歷史帶來了重大影響，開創了中國歷史上的統一王朝時代。戰國時代的背景和概況對後世的政治、經濟、文化和思想發展產生了深遠的影響，被視為中國歷史上的轉折點。

戰國時代
的兩個「爭」字

　　戰國時代是中國歷史上一個極為重要的時期，無論在政治、經濟、文化和軍事等多個方面，都有重要的發展。這段期間的歷史錯綜複雜，千頭萬緒，不過，亦可以簡單地概括為「百家爭鳴」和「七國爭雄」的兩個爭字。

　　先談「七國爭雄」，戰國時代的政治格局為後世政治發展奠定基礎。在這個時期，中國的統一政權周朝已經衰落，取而代之的，是諸侯國家並立的局面，其中七國發展得比較快，在前三份一時間，魏國獨佔上風；但這個領導地位並不長久，秦國後來逐漸崛起，最終統一六國。這種分裂的局面導致諸侯國之間的激烈爭鬥，也為後來的統一帝國奠定了基礎。

既然戰火連天，軍事變革也是其重要地位的體現。在這個時期，軍事技術和戰略戰術發生了重大變革。各國之間的戰爭變得更加複雜和激烈，導致了軍事思想和戰爭技術的不斷創新，例如：韓國的弩箭，趙國的胡服騎射，都是中國歷史中，在軍事發展中不斷創新的技術發展。

百家爭鳴

　　戰國時代是中國文化思想發展的重要時期。在這個時期，諸子百家學派興起，包括儒家、道家、法家、墨家等等。這些學派的興起和發展，對中國文化思想的多元發展和後來的社會制度產生了深遠影響。許多重要的文化典籍和哲學思想也在這個時期產生，如《孟子》、《道德經》等。這些思想和著作至今仍然對中國文化和價值觀有著深遠的影響。諸子百家學派中，以下幾個思想對中國文化和價值觀產生了最為重要：

儒家思想：儒家思想以孔子（春秋）孟子（戰國）為代表，強調倫理道德、仁愛和社會秩序。儒家的核心價值觀包括仁、義、禮、智、信等，對中國文化和社會發展起到了重要的指導作用。儒家思想強調教育的重要性，強調君臣、父子、夫婦、兄弟等倫理關係的和諧與穩定，影響了中國社會結構、家庭觀念和倫理道德觀念。

道家思想：道家思想以老子（春秋）和莊子（戰國）追求道的思想，和無為而治。道家強調個體的自由和自然，反對繁文縟節和人為的約束。道家思想對中國文化和價值觀的影響，體現在對個體解放和追求自由的思想上。

法家思想：法家思想以韓非子和商鞅為代表，強調法律和嚴厲的統治。法家思想強調以制度和法律來管理社會，賞罰分明，以達到社會秩序的維護。法家思想對中國的政治制度和法律觀念產生了深遠的影響。

墨家思想：墨家思想以墨子為代表，強調兼愛和反戰思想。在戰亂頻繁的時代，這樣的主題思想特別受歡迎。不過，墨家

同時又是實用主義，否定一切藝術與娛樂的追求，認為大家應
該把心思全部貫注在人民物質生活之上。

楊朱學說：孟子曾有「天下之言，不歸楊，則歸墨」的說
法，由此可見，在戰國初期，楊朱和墨子這兩種學說非常流行，
可以說是當時的主流。楊朱本來源於道家，提倡利己主義，突
破老子的清心寡欲，主張放縱自我以達到快樂的享樂主義。不
過，這個學說流行不了太久，逐漸已被淡忘。

縱橫家學說：嚴格來講，並不算是一種學說，而是謀士的
辯論與策略。縱是「合縱」，合六國之力對抗秦國；橫是「連
橫」，由秦國把對手逐一擊破的計策。戰國時代，列國割據紛
爭，需要在國力富足的基礎上，利用聯合、排斥、威逼、利誘
不戰而勝。縱橫家亦即是政治家，憑外交手段謀劃，以達到自
己的政治目的。

這些思想在中國文化和價值觀的形成和發展中起到了重要
的作用。它們在不同方面強調個體與社會的關係、倫理道德觀
念、政治結構和社會秩序等方面提供了不同的思考和指導，對
中國社會的發展和中國人的價值觀念產生了深遠的影響。

軻既取圖奏之，秦王發
圖，圖窮而匕首見，因左手
秦王之袖，而右手持匕首揕
之，未至身，秦王驚，自引而起，袖
拔劍，劍長，操其室，時惶急，劍
故不可立拔，荆軻逐秦
秦王環柱而走，群臣皆
卒起不意，盡失其度，而
法，群臣侍殿上者不得
持尺寸之兵，諸郎中執
皆陳殿下，非有詔不得
方急時，不及召下兵，以故
軻乃逐秦王，而卒惶

刺客眼中的三家分晉⋯

豫讓

一個因為忠心報仇而成名的晉國俠士。

刺客眼中的三家分晉：
豫讓

在《史記》的《刺客列傳》中，刺客的經歷就像武俠小說的情節，又和歷史的事件互相影響，有一個叫豫讓的刺客，就見証了戰國時代的開端。當時有個大國叫晉國，由六個家族主宰，豫讓先後為范氏和中行氏打工，轉了兩次工之後，最後在智伯手下工作。

智伯的家族在晉國佔了最大的市場份額，但在傳承的過程中出了問題，智伯的父親很猶豫，是否應把董事長之位傳給智伯呢？智伯有六個優點，包括長得帥、武功高、文采好、聰明……總之就是文武雙全超級強大，但有一個缺點 — 不仁。

春秋戰國時代，國與國之間動不動就打架，還有什麼仁義可言？其實是智伯不懂包裝，公關部做得不好，讓老闆背負了壞名聲，而且智伯也缺乏親和力，讓身邊的人忍不住想圍毆他，在背後說他壞話，這倒有一個現成的例子。

01

當時智伯聯同韓與魏，一起圍攻趙，智伯用水攻淹沒了趙，沾沾自喜，馬上和盟友韓、魏炫耀：「看我能利用天險打仗，我多厲害。」韓和魏的領頭人聽到這句話，馬上悄悄踢了踢對方的腳，打了個眼色，意思是，我們兩家人附近都有河流，以後智伯會不會同樣用水攻對付我們？這就奇怪了，《史記》作者司馬遷又不在場，他怎麼知道韓和魏偷偷在桌下踢腳的？可見在記錄歷史之時，也可以發揮一點想像力，幻想一下韓和魏的眉來眼去。

韓、魏對智伯的信任出現了裂痕，趙就去誘惑韓和魏，你看智伯這人不靠譜，不如我們圍毆他吧。果然是人多力量大，三家人一起想辦法，超級強大的智伯也被殺了，韓、趙、魏就瓜分了晉國，成為了戰國七雄的其中三組勢力，史稱「三家分晉」，亦被視為由春秋進展到戰國的里程碑。

為何「三家分晉」是歷史的轉捩點？在三家分晉之前，各國的領導人只稱自己為諸侯，祭祖也只能祭五廟，即是自己五代的祖先，天子就能拜七代的祖先，由老爸、爺爺數上去，數到太祖共七廟，祖先拜得越多越高貴。由韓趙魏建國開始，他們就拜七代的祖先，與周天子看齊了。

智伯死掉了，主角豫讓終於可以大顯身手了，他一出場，就說了一段很著名的台詞：「士為知己者死，女為悅己者容。今智伯知我，我必為報仇而死，以報智伯，則吾魂魄不愧矣。」沒想到，「女為悅己者容」出自這麼一個壯烈的刺客故事，顯然當時只是用來對偶湊數的。

豫讓決心要幫智伯報仇，他先找到趙的領導人趙襄子，躲在人家的廁所後面，準備刺殺。趙襄子的第六感非常靈敏，走到廁所門口，忽然覺得裡面有古怪，吩咐手下進去查探，就把豫讓抓出來了。趙襄子問豫讓，幹嘛躲在我的廁所，豫讓說，我來刺殺你的，趙襄子就把豫讓放走了。（其實趙襄子也是一個仁德的君主，做了很多好事，包括解放當時的農奴，是戰國版的林肯。）

豫讓盤算著第二次刺殺，但第一次被人家從廁所裡抓出來，全部人都認得他了，還怎麼刺殺？於是他「漆身吞炭」，在身上塗上劣質的油漆，讓自己全身生癬，再吞炭毀掉自己的聲音。據說，後來的金庸武俠小說《倚天屠龍記》中，光明右使范遙自毀容貌做臥底，也是參考豫讓版本的。

連豫讓的妻子也不認得他了，總算是自殘成功，豫讓又去刺殺，但在這段時日，豫老哥視察趙老爺的政績，覺得這人實在不該殺，結果，臨場猶疑，行動再次失敗。趙襄子就問他，你之前也曾在范氏和中行氏處打工，他們都死了，為什麼你不幫他們報仇？豫讓就回答，那兩個老闆只把我當成普通員工，我就把他們當僱主了；智伯把我當成知己，我也要把他當作知己。智伯已經死了，不可能再付薪水給豫讓，所以 豫讓的行為是純粹報恩。

豫老哥人之將死，什麼都豁出去了，又對趙襄子說，我知道你這次肯定要殺我了，我沒機會再刺殺你，你能不能脫件衣服給我捅兩刀，過過手癮？趙老 爺賞識他，當然同意了，犧牲一件衣服就能獲得好名聲，為啥不幹？

這件事倒真有武俠小說的味道，殺人之前還要完成敵人的臨終遺願，殺人者與被刺者都有戲碼，武俠劇的味道越見濃郁。

軻既取圖奏之．秦王發
圖窮而匕首現．因左手
秦王之袖．而右手持匕首
之未至身．秦王驚自引而起袖
拔劍．劍長操其室．時惶急劍
故不可立拔．荆軻逐秦
秦王環柱而走．群臣皆
卒起不意．盡失其度．而
法群臣侍殿上者不得
持尺寸之兵．諸郎中執
皆陳殿下．非有詔不得
方急時．不及召下兵．以故
軻乃逐秦王而卒惶急

有才無德的無敵將軍⋯

吳起

一生歷侍魯、魏、楚三國，通曉兵家、法家、儒家三家思想，在內政、軍事上都有極高的成就。

有才無德的無敵將軍：
吳起

　　戰國時代大概歷時二百年，前面的三份一時間，主要是魏國進步得比較快，隱隱然有種稱霸的趨勢。魏文侯在公元前 445 年繼位，啟用了許多人材，在政治、軍事、經濟等各領域進行了改革。政策上，採用了李悝的法家思想；另外，文有西門豹，武有吳起，令魏國的國力提升至巔峯水平。

　　吳起是出名的戰略家，有人認為他的兵法比得上孫子，所以也會稱之為「吳子」。他誕生於富豪之家，卻不想只當個平凡的富二代，所以，他就常常往外跑，追求官職。不過，結果不但沒成功，還花光了家財，被同鄉人譏笑他好高騖遠。

　　一般人受到嘲笑的話，有修養的一笑置之；衝動一點的，反唇相譏或打一架，也是有的。但吳起的反應，竟然是殺了三十多個曾譏笑自己的人！

　　犯下如此重罪，吳起只好出走他國。離鄉前夕，吳起的母親趕來送行，看著淚眼汪汪的母親，吳起突然在自己的胳膊狠狠地咬了一口，鮮血隨即湧出，然後發誓說：「我吳起如果做不了公卿、國相，就絕不回衛國！」

　　留下這句話之後，就頭也不回地離開了。

　　離鄉後，吳起拜了有名的儒家學者曾申為師。這是一個聰明的選擇，因為拜師能擴充吳起的學識，再說儒家是戰國時代的顯學（語出自戰國末期的學者 ── 韓非所言：「世之顯學，儒墨也。」），加入儒家將會有水漲船高的知名度，還會有諸多前輩及同學相互幫忙，這對一心當官的吳起自然是極大的助力。

　　幾年後，他母親死了。按道理說，他應該回鄉守喪，不過，他執著於自己臨走的誓言，做不成大官就不回鄉，所以，沒有回家。對於重視孝道的儒家思想來說，這是極為不孝的行為，於是，他就被老師開除了！

殺妻將軍

被開除後的吳起，覺待儒家思想不適合自己，便轉學兵法，而且很快就獲得證明自己的機會。

當時齊國進攻魯國，魯穆公急需良將領軍抵抗，此時有人推薦吳起，認為他可以當將軍。魯穆公表示：「我也有意讓吳起領軍，但聽說他的妻子是齊國人，我擔心他可能會因此偏袒齊國呀。」

一般人遇到這種情況，通常會發表聲明，發誓與妻子外家斷絕關係。絕情一點，大概會休妻。吳起怎麼做呢？他居然立刻手刃妻子，向魯穆公表示：「聽聞主公懷疑我，所以我徹底斬斷自己背叛的可能性，請主公任用吳起為將！」

吳起都做到這個地步了，魯穆公不再懷疑他，任命吳起指揮軍隊，吳起隨即大敗齊軍。穆公頗為得意的表示：「這個吳起果然有本事，我沒看錯人哪！」在這關鍵時刻，旁邊的大臣立刻接話：「吳起以前殘忍的殘殺鄰里，後來母喪不歸而被曾申逐出師門，現在又殺死自己的妻子好獲得領軍機會。這樣的人，主公覺得能用嗎？」

此話入耳之後，魯穆公頓時對吳起有說不出的厭惡（正常反應，一般人可能都一樣會討厭他），於是免去吳起的官職。

吳起眼看自己在魯國的仕途徹底完蛋，毫不猶豫地離去，前往下一個能讓他一展所長的國家，希望再有發展！

常勝名將

在戰國初期，魏國是「新公司」，資歷遠低於齊、楚、燕、秦這些老牌諸侯國，還位處易攻難守，四面受敵的地方，所以，魏文侯很有危機意識。積極招攬人才，幫助自己去守護疆土。這一來，就自然吸引到吳起這種胸懷野心，又有才華實力的人士。

這時候，吳起也算是頗有名聲的人物，對於他的投靠，魏文侯自然詢問他國相李悝的意見。李悝的回覆也很直接：「吳起此人，貪戀成名又愛好女色。」隨即又說：「可是，這人帶兵作戰的能力，比以前齊國的常勝將軍司馬穰苴還厲害。」一聽此話，魏文侯大手一揮：「那還有什麼好說的？就用他為將吧！」

吳起生平第一次被欣賞，魏文侯明知他有毛病，仍然還肯全面授權，的確不容易。於是，他立刻放開手腳，展開他日後流傳後世的軍事才能，也就是練兵。

　　孫子兵法曾言：「視卒如愛子，故可與之俱死。」意思是：對待士卒若像對待自己的兒子一樣，就可以使士卒願與將領同生共死。吳起怎麼對待兒子沒有記載，但他待兵方式只怕比許多父親對兒子都還要拼命。

　　首先，他穿著和最下等士兵一樣的衣服，吃的伙食也與基層士兵相同，睡覺不鋪墊褥，甚至拿樹葉當棉被，行軍時也不搭車騎馬，而是和大兵們一樣扛著物資徒步前進。

　　再來面對傷兵，他更是關懷到超出常理。最有名的例子，就是有位士兵長了惡性毒瘡，結果吳起直接用口替士兵吸吮膿液，為的就是用最溫和的方式把傷口徹底清乾淨。

　　吳起的所作所為，其實目的非常明確，就是要讓每個士兵感覺到被尊重，拼了性命也為他衝鋒陷陣。

失意魏國

就在吳起建立蓋世功名時，知人善任的魏文候過世了，之後魏武侯繼位，當時很多人覺得吳起有機會成為魏國國相，但結果卻出乎意料，由齊國貴族商文獲得國相之位。

大家可以想像得到，吳起這個人，對功名的慾望是非常強大的，輸掉國相之位，他自然是心懷怨恨的了。於是，他親自跑去跟商文理論：「我想跟您比功勞，你行嗎？」商文坦然地答允了。

吳起：**統率三軍，使士兵樂意為國死戰，並讓敵國不敢圖謀侵犯。這您能和我比嗎？**

商文：我不如您。

吳起：**管理文武百官，讓百姓親附並充實國庫的儲備。您能和我比嗎？**

商文：我不如您。

吳起：**拒守河西地區，使秦國不敢侵犯，並讓韓國、趙國服從歸順。這您能和我比嗎？**

商文：我不如您。

吳起：有才無德的無敵將軍

連續三個「我不如您」之後，吳起盛氣凌人地說：「這幾方面你都不如我，為何你的官位卻在我之上？」

商文從容地回答：「國君剛即位並且年紀輕，此時大臣及百姓都人心惶惶。在這個時候，是把政事託付給您？還是應當託付給我？」

這個回覆讓吳起啞口無言。的確，他的才能雖然突出，但此時的魏國需要的不是進取，而是先求權力過渡期間的穩定。所以需要有一個威望足夠的人物鎮住場面，吳起也有自知之明，自己有才無德，在官場上混到了人見人嫌的地步，又怎能調和人心呢？

沉默許久，吳起說：「應該託付給您。」

商文說：「這就是我官位比您高的原因了啊。」

吳起做不成國相，但仍然努力打仗，繼續領軍擊敗東方的齊國，再次確立魏國在戰國獨霸的態勢。

又過了一段時間，商文死了，但吳起依然沒有升職，新的魏國國相擔心吳起的才能會威脅他的地位，於是他故意先對魏武侯說：「魏國國土太小，像吳起這樣心高氣傲之人，可能留不住他。君侯何不讓公主下嫁給吳起？如果他答應，那就表示吳起願意長期留在魏國發展；如果他拒絕，那就證明他心已經不在魏國了。」

同一時間，他又邀請吳起及公主到家中做客，新國相故意在宴會中惹怒公主，公主忍不住當場破口大罵。這個做法，是刻意令吳起對公主反感。

果然，當魏武侯詢問吳起：「將軍是否願意娶公主呢？」吳起想到公主的惡形惡相，不想娶一個惡妻回家，只好婉言拒絕，這一來，便中了新國相的挑撥之計，從此喪失魏武侯的信任。

眼看發展無望，吳起再度起行，這次他投奔的目標是戰國第一大國 — 楚國。

吳起變法

在春秋戰國歷史上，楚國是一個表現很「謎」的國家。

你說它不強大，它可是吞滅數十國，並且地廣資源多，這龐然巨物連春秋霸主齊桓公組織多國聯軍後，都不敢直接武力相拚。但除了楚莊王時期曾真正的稱霸天下，其他時候楚國面對大國的戰爭多以失敗告終。像是春秋時，面對北方強權的晉國曾被擊敗三次，另外面對南方興起的吳國，竟也制肘不住，多次出現危機。

楚國之所以表現不如理想，是因為國內貴族的勢力太大，導致楚王的號令難以實行，而且，貴族為了保障自己的利益，還經常干擾楚王的改策，想要作出任何改革，可以說是難上加難。

舉一個例，再春秋時代，孔子來到楚國，楚昭王曾想給予孔子一個基地，實驗新政，如果是成功的話，變成新的政策推廣，全國實施。那知道，楚國貴族表示：「孔子如果真的才能，然後又擁有不小的土地，那他將來會聽楚王的號令嗎？」這就讓楚昭王打消了改革的念頭。

楚悼王知道吳起來了，非常高興，便說：「吳起到任何一個國家，那個國家就強大，如今到楚國，寡人可不能放過這個人才。」

02

楚悼王親自接見吳起，然後宣布：「命吳起為令尹！」

　　楚國的令尹，其實就等於魏國的國相，也就是說吳起終於獲得僅在一人之下的第一高官地位。吳起終於得到他夢寐以求的位置，於是，立刻在楚國進行大規模的改革，也就是後世所稱的「吳起變法」。

小知識

「吳起變法」是什麼？

「吳起變法」是戰國時代吳國實行的一系列政治和軍事改革。

主要包括以下幾方面：

1. 建立中央集權的行政體系，削弱地方貴族的權力，加強了王權。
2. 改革軍事制度，建立常備軍，加強軍事力量。吳起提出「三軍不得擅動」的軍紀制度。
3. 實行重農抑商的經濟政策，限制商人活動，支持農業發展。
4. 實行賦稅改革，減輕百姓負擔，穩定社會秩序。
5. 推行法制改革，建立完善的法律體系，獎懲分明。

吳起變法效果顯著，既增強吳國的綜合國力，亦提高戰爭能力，與其他戰國諸國進行競爭。這些改革措施在一定程度上促進了吳國的經濟發展和社會穩定，楚國之後擊敗了戰國第一強手魏國，再次展示出吳起的個人才幹，並為其後來在戰國時期的發展奠定了基礎。

不難看出，吳起的改革就是要整肅貴族，並且透過法律強化楚王權威；另外，又讓有才能之人獲得晉身的機會。「吳起變法」效果顯著，楚國之後擊敗了戰國第一強手魏國，再次展示出吳起的個人才幹！

楚悼王名正言順地掌握大權，國勢又日漸興隆，當然是滿意的；不過，本來的既得利益集團（舊派貴族）恨透了吳起，因為他們的權益都因為這個變法，轉移到楚悼王手中。面對這些內部矛盾，楚悼王始終力挺吳起，這暫時壓抑住表面化的衝突，卻也醞釀出日後更極端的反撲。

吳起死後為自己報仇

公元前 381 年，楚悼王去世。吳起頓時失去靠山，楚國貴族立刻採取行動，要殺掉吳起。

貴族部隊用弓箭攻擊吳起，吳起眼看自己這次是死定了，他很快就冷靜下來並決定：「我死，也要讓我的敵人陪葬。」

於是，他衝到楚悼王的停屍處，並伏在楚悼王的屍體之上。貴族部隊追上來，亂箭齊發，將吳起射死。大家會問，倉促之間，吳起怎樣安排報仇？

原來，這陣亂箭攻擊，連帶讓楚悼王的屍體中箭，而根據楚國法律：「傷害君王屍體者將被誅三族」，所以等到新王繼位，立刻下令將射中楚悼王屍體的人全部處死，有七十多家貴族因此慘遭滅族。吳起臨死的一刻，仍能運用他對法律的認識，假他人之手，完成自己的報仇謀略；至於有否傷害楚悼王的屍體，他當然沒有顧慮。

小知識

法家代表－李悝

李悝是法家代表人物之一，被魏文侯任命為相邦，是文侯、武侯時期的關鍵人物，令魏國變法成功。他吸取各國成文法的長處，編寫了《法經》，分《盜法》、《賊法》、《囚法》、《捕法》、《雜法》、《具法》六篇。他提倡「盡地力之教」，要求農民勤勞耕作、提高生產積極性，以增加國家的收入。

（圖片來源：互聯網）

西門豹是何許人？

西門豹也是魏國一代名臣，不過，他的事蹟被記載於《史記》的《滑稽列傳》，講述了西門豹初到鄴地當官，發現那兒的鄉紳和巫婆勾結，利用百姓迷信的本質，搞以活人祭神的勾當。他便設計破除迷信，大力興修水利，使鄴地繁榮起來的經歷。

當時，西門豹出任鄴縣的縣令，發現民生疾苦，問大家有關老百姓痛苦的事情。這些人說：「苦於給河伯娶媳婦！」

原來，鄴縣的三老、廷掾每年都要向老百姓徵收賦稅，用來籌辦「河伯娶婦」的儀式，到了為河伯娶媳婦的時候，女巫巡查看到小戶人家的漂亮女子，便說「這女子合適作河伯的媳婦。」就馬上把女子接走，給她沐浴更衣；並為此在河邊上給她做好齋戒用的房子，讓這個女子在那裏居住十幾天，然後又裝飾點綴好一台嫁女床鋪枕席，讓這個女子坐在上面，然後把它浮到河中，結果不問而知，女子漂個幾十里，就會沉到河中被淹死，白白犧牲了。

那些有漂亮女子的人家，擔心大巫祝替河伯娶她們去，因此大多帶著自己的女兒遠遠地逃跑。故此，城裡越來越空蕩無人，以致更加貧困，這種情況從開始以來已經很長久了。老百姓中間流傳的俗語有「假如不給河伯娶媳婦，就會大水泛濫，把那些老百姓都淹死」的說法。

西門豹說：「到了給河伯娶媳婦的時候，希望三老、巫祝、父老都到河邊去送新娘，有幸也請你們來告訴我這件事，我也要去送送這個女子。」

到了為河伯娶媳婦的日子，西門豹來到河邊。這時候三老、官員、女巫、當地有錢有勢的人都在場，看熱鬧來的老百姓也有二三千人。

西門豹說：「叫河伯的媳婦過來，我看看她長得漂亮不漂亮。」人們馬上扶著這個女子出了帷帳，走到西門豹面前。西門豹看了看這個女子，回頭對三老、女巫、父老們說：「這個女子不漂亮，麻煩大巫婆為我到河裡去稟報河伯，需要重新找一個漂亮的女子，遲幾天送她去。」

然後，就叫手下抱起大巫婆，把她拋到河中。過了一會兒，西門豹又說：「巫婆為什麼去這麼久？叫她弟子去催催她！」又把她的一個弟子拋到河中。又過了一會兒，說：「這個弟子為什麼也這麼久？再派一個人去催催她們！」又拋一個弟子到河中。總共拋了三個弟子。

西門豹說：「巫婆、弟子，這些都是女人，不能把事情說清楚。請三老替我去說明情況。」又把三老拋到河中。西門豹微微躬著腰，用一個恭恭敬敬的姿勢，在河邊站了很久，沒有說話。長老、官員等在旁邊看著，又不敢離開，越等越是害怕。

西門豹說：「巫婆、三老都不回來，怎麼辦？」想再派一個廷掾或者長老到河裡去催他們。這些人都嚇得在地上叩頭，而且把頭都叩破了。

西門豹說：「看樣子河伯留客要留很久，你們都散了吧，離開這兒回家去吧。」鄴縣的官吏和老百姓都非常驚恐，從此以後，不敢再提起為河伯娶媳婦的事了。

西門豹接著就徵發老百姓開挖了十二條渠道，把黃河水引來灌溉農田，田地都得到灌溉，河水氾濫的問題又得到解決。西門豹做鄴縣令的事蹟，名聞天下，是不折不扣的戰國大人物！

軻既取圖奏之，秦王發圖，圖窮而匕首見，因左手把秦王之袖，而右手持匕首揕之。未至身，秦王驚，自引而起，袖絕。拔劍，劍長，操其室。時惶急，劍故不可立拔，荊軻逐秦王，秦王環柱而走。群臣皆卒起不意，盡失其度。而法群臣侍殿上者不得持尺寸之兵，諸郎中執兵皆陳殿下，非有詔不得上。方急時，不及召下兵，以故荊軻逐秦王，而卒惶急

戰神再現：孫臏

因受同窗師兄陷害下投奔齊國，而成為軍師。他的兵法思想影響深遠，著有《孫臏兵法》。

戰神再現：
孫臏

　　戰國時代的前段，秦國、楚國偏遠，中原多國之中，魏國的國力比較強，但可以說，因為一個「孫臏」，就令魏國失去優勢。當時，有一個傳奇人物 鬼谷子，他的門生之中，有兩師兄弟感情不錯，師兄是龐涓，師弟就是孫臏。(後來還有蘇秦和張儀，也是鬼谷子的徒弟，之後再分享。)

兄弟之間的仇怨

　　師兄早畢業，去了魏國當官，立下不少功勞，頗為受到倚重。師弟留在老師身邊，老師就拿出一本秘笈出來，原來就是《孫子兵法》。老師說：「這是你祖先孫武寫的兵法，早已失傳了，其實一直保存在我這兒，現在正是傳授給你的時候了。不過，你切記不可外傳，即使是你師兄龐涓，也不例外。」現在回看老師這個說法，不知他是偏心，有先見之明，抑或是製造兄弟矛盾？又或者每樣都有一些。

結果呢？孫臏畢業之後，順理成章地，去魏國找師兄引薦。初時，龐涓也樂於介紹，自己有個像樣的師弟嘛，在魏王面前也有面子。不過，日子久了，龐涓就開始妒忌孫臏的才華，他懷疑：「為什麼師弟懂的『孫子兵法』，自己聽也沒有聽過？」於是，他設計加害，令魏王懷疑孫臏，施用酷刑，把的膝蓋骨割去，使孫臏成為廢人。（孫臏的『臏』字，就是這個刑罰的名稱，我們無法知道他為什麼要改這個名字，總不會是他一早預料到這個刦難吧？）

孫臏知道龐涓還要置他於死地，馬上詐瘋，終日留在豬圈裡，以豬為伴，抓起豬圈裡的豬食來吃，還一邊叫喊「好吃、好吃」。親信把這情況報告給龐涓，龐涓也就放鬆了對孫臏的看管。從此，孫臏可以到街市上遊蕩，時好時瘋，起初，龐涓還派一名隨從監視孫臏，見孫臏一直都是瘋瘋癲癲的，後來，就連監護人員也取消了。

一天，齊國使者來訪，孫臏便去投靠，暗地隨他去了齊國。孫臏用這方法，成功地瞞過了龐涓的猜疑，順利逃出生天，後人稱之為「假癡不癲」計，是三十六計中的第二十二計。

孫臏的必勝法

孫臏就在齊國的大臣田忌家中住了下來，受到田家的招待。

那時候，齊威王喜歡賽馬賭錢，常常拉齊國的貴族和大官陪他賭，田忌當然也跑不掉，不過，他每次都賭輸，很是懊惱。終於有一天，孫臏實在看不過眼，就告訴田忌，他有必贏的辦法。原來，他們的賭局，每次比賽三盤，由於齊王的馬比較優秀，所以，田忌每戰皆北。

既然是實力有距離，孫臏哪來的必勝法呢？他跟田忌說：「三匹馬有上中下之別，以您的下等馬對王的上等馬，先輸一仗給他；然後，以您的上等馬對王的中等馬，再以您的中等馬對王的下等馬，你雖輸了一場，但就必有二場比賽可以得勝。」田忌一聽，果然有道理，便以一敗兩勝的戰果，得到千金的賭注。

孫臏的賽馬必勝術，最重要的一點，就是要掌握資訊，知道哪一匹馬是上等馬，哪一匹是下等，然後才可以作出適當的部署安排。

這正是《孫子兵法》中，所謂「知己知彼，百戰不殆」的道理。

事後，田忌就把孫臏的方法告訴齊王，齊王就更加賞識孫臏的才能了。大家都知道，戰國時代是有很多場戰禍的，戰國七雄不停互相攻伐，後來，魏國攻打韓國，韓國向齊國求援，齊王派田忌為將軍，去迎擊魏軍。

田忌當然請孫臏為軍師，用他的計策，主要是對付魏軍。

孫臏的「圍魏救趙」

公元前 354 年，魏惠王記著中山的舊恨，便派大將龐涓前去攻打中山。這中山原本是東周時期魏國北鄰的小國，被魏國收服，後來趙國伺機將中山強佔了，魏將龐涓認為中山不過彈丸之地，距離趙國又很近，不若直打趙國都城邯鄲，既解舊恨又一舉兩得。魏王覺得有道理，撥五百戰車以龐涓為將，直奔趙國，把趙國都城邯鄲重重圍困。趙王急難中只好求救於齊國，並許諾解圍後以中山相贈。

齊威王應允，令田忌為將，並起用從魏國救得的孫臏為軍師領兵出發。當田忌與孫臏率兵進入魏趙交界之地時，田忌想直逼趙國邯鄲，孫臏制止說：「解亂絲結繩，不可以握拳去打；排解爭鬥，不能參與搏擊，平息糾紛要抓住要害，乘虛取勢，雙方因受到制約才能自然分開。現在魏國精兵傾國而出，若我直攻魏國。那龐涓必回師解救，這樣一來邯鄲之圍定會自解。我們再於中途伏擊龐涓，其軍必敗。」

田忌依計而行，果然，魏軍離開邯鄲，回頭路中又陷伏擊，與齊軍戰於桂陵，這個時候，魏國軍隊長途疲憊，一交戰就潰不成軍，龐涓勉強收拾殘部，退回大梁，齊軍大勝，趙國之圍遂解。這便是後來所謂的「圍魏救趙」之計了！

孫臏龐涓再決勝負

到了公元前 342 年，魏國攻打韓國，韓國向齊國求救，齊威王派大將田盼攻打魏國，以孫臏為軍師。

孫臏認為，魏軍打贏了幾場仗，士氣高昂，不可正面決戰，但龐涓輕視齊軍，又求勝心切，可以利用這一點，設下陷阱，引他中計。所以，齊軍一開始就詐敗，不斷撤退。

龐涓不知是計，派軍隊追擊。孫臏又使一招「減灶之計」，他命令士兵，在退兵的第一天，挖十萬人煮食用的灶；到了第二天退兵時，把灶的數量減少至五萬人用；第三天又再減，僅足三萬人用，造成一個假象，令龐涓以為齊軍有很多逃兵，剩下極少兵力。

龐涓中計，便希望快些獲勝，丟下緩慢的步兵，親自率領快速的騎兵追擊。這一來，龐涓把自己軍隊的主力留在後面，帶著有限的人馬衝到前線，明顯是自視過高，貪勝不知輸！

齊軍退至一個叫「馬陵」的地方，道路險窄，行軍至此，容易被包圍。孫臏判斷，魏軍將於日落後追至，便在此地佈置埋伏，馬陵道路兩側安排弓箭手，約定在夜裡以火光為號，萬箭齊發。

魏軍來到，為什麼會有火光呢？原來，孫臏預先把路旁一棵當眼大樹上，刻上「龐涓死於此樹之下」的大字。龐涓看見大樹有字，忍不住好奇，命人點火照明，以便閱讀樹上文字。但他還未讀完，齊軍已萬箭齊發，魏軍大敗。

龐涓眼見無法改變局勢，憤愧自殺，齊軍乘勝追擊，全殲魏軍，史稱「馬陵之戰」。龐涓有限的人馬，被困在狹道之中，當然是中了「閉門捉賊」之計，更重要的一個元素，是孫臏在樹上留字，刻意讓他知道中了計，打擊他的意志。要明白，他倆是師兄弟，龐涓也是聰明人，只是被勝利沖昏頭腦，做了錯誤的決定；孫臏致勝的原因，不是兵力的高低，而是他了解龐涓的性格特質，對症下藥。

軻既取圖奏之，秦王發
圖窮而匕首見。因左手
秦王之袖，而右手揕匕首
之未至身，秦王驚自引而起袖
拔劍，劍長操其室時惶急劍
故不可立拔、荊軻逐秦
秦王環柱而走，群臣皆
卒起不意、盡失其度而
法群臣侍殿上者不得
持　　兵、諸郎中執
皆　　下、非有詔不得
及召下兵以故
軻逐秦王而卒惶急

掃一掃

作者導讀
更易理解

被年月忽略的一代宗師⋯

著名的思想家、科學家、政治家、軍事家、博學家。他提出了「非儒」、「兼愛」、「非攻」等觀點，創立墨家學說。

被年月忽略的一代宗師：
墨子

在戰國初期，墨家的學說非常流行，墨子提倡兼愛（大愛）和非攻（反戰），在那個戰事頻繁的年代，當然受到歡迎。另外，墨子又是一個非常重視實用主義的學者，研究各種科技上的發展，每一件事都和人民生活有密切關係，吸引了不少志同道合的門徒。

究竟墨子是什麼人？歷史上的記載不多，主要說他是魯國人。不過，另外又有一個說法，認為他是宋襄公庶兄目夷的後代。但由於墨家的學說，在戰國之後並不流行，所以大家沒有一個肯定的說法。

有一段對話，提供了一些線索。

墨子前往南方的楚國，求見楚惠王，但楚王沒有接見，只派大臣來招呼。大概本意只是想打發他走，沒想到，大臣接見墨子之後，對他非常敬佩。大臣跟墨子說：「你的意見非常好，但我擔心我們的大王會認為『這只是一個賤民的見解』，沒可能聽得入耳。」

墨子先是扮傻，說了句「這怎可能呢」，然後，就開始解釋：「我們生病的時候，會用草藥來治病，即使是天子，需要的時候，也要服用。他斷不會認為『這只是一莖草根』，就拒絕吃藥吧？」

「我想，你一定聽過伊尹的故事吧！」

伊尹的故事

曾幾何時，湯王想請伊尹來輔助他，命令一個姓彭的車伕替他駕車，半路中途，車伕問他要去什麼地方。他直接說要去找伊尹。車伕覺得很奇怪，伊尹只是一個普通的賤民，君主如果命人召他來見面，他就已經很有面子了，怎麼要親自去接見呢？

湯王跟車伕說：「如果有一種藥，令耳朵聽得更加清楚，你眼睛看得更加清晰，我當然會很高興地把藥吃下去。對我來說。伊尹就是這一種良藥，你不要我去見他，是不希望我的病好了嗎？」

墨子這樣說，當然是想那大臣思考，不要像那個姓彭的車伕一樣，犯下相同的錯誤。不過，這段對話的重點，是墨子都同意自己是賤民，即是說，他不是士大夫出身。在那個封建時代，士農工商階級分明度，士以下的，不論是農民工人商賈，一律都被視作為賤民。

墨子在楚國

後來，楚惠王打算攻打宋國，但忌憚宋國的城牆堅固，不容易攻得進去。於是，找來天下有名的工匠公輸盤（即是著名的魯班師傅），巧製一種叫做「雲梯」的新武器，想用來攻擊宋國。

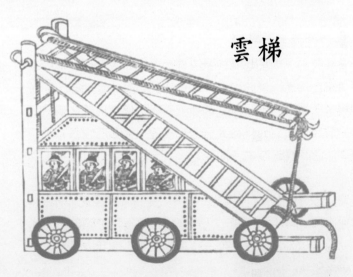

雲梯

（圖片來源：互聯網）

墨子知道這消息，立刻起程，由魯國趕去楚國，希望阻止這場戰事。他日夜兼程，走了十天十夜，腳傷了，就把衣裳撕下來，裹起腳傷繼續走，一直趕到楚國的都城，求見公輸盤。見面時，他劈頭就說：「北方有人侮辱了我，我想請你幫忙，替我殺掉他！」

公輸盤當然不高興，也很奇怪，你我萍水相逢，憑什麼我要為你去殺人？墨子又說：「我打算送你二百兩黃金，作為報酬。」

公輸盤更是不悅，說：「我是一個義人，怎可能隨便殺人？」

墨子見他這樣回答，馬上說：「你這樣說就對了，我知道你做了雲梯，預備攻打宋國。宋國犯了什麼錯？眼前的楚國，土地有餘，人口卻不足，現在要出兵攻打別的國家，是想殺掉本來就不夠的人民，而搶奪本來就有餘的土地，這本身就不是一個聰明的策略。

宋國沒有犯錯，而你去攻打，這不是仁愛行為。

你明知這件事做得不對，但又不勸阻君王，這又說不上是忠心。

你剛才說，殺人是不義的事情，所以不去殺一個人！但又準備去殺大數量的人，這是什麼道理呢？

公輸盤說不過墨子，便說：「你說得不錯，但很可惜，我已經跟楚王計劃好了。」

墨子知道決定權還是在楚王手中，便要求公輸盤帶他去見楚王。來到楚惠王那兒，墨子又開始說故事：「在我的家鄉，有一個人，家裏有漂亮的車子，卻想竊取鄰家的舊車；自己有華貴的錦衣，又想竊取鄰家的粗衣麻布；自己家裏有米有肉，要去偷鄰居的粗食。這個人不知道是什麼一回事。」

楚惠王似乎對墨子沒有什麼戒心，就笑著說：「這個人是個偷竊狂吧？」

墨子馬上接著說：

楚國佔地五千里，地大物博，宋國只有五百里，比較起來，就像那漂亮車子和破舊車子一樣。

楚國的雲夢澤，有各類野獸；又有長江漢水，漁獲非常豐盛，可以說是富甲天下。宋國就貧瘠得多，連普通的野雞小魚都沒有，二者相比，就和上好酒肉與粗食的分別一樣。

楚國又盛產上好的木材，這也是宋國沒有的資源，那又和錦衣與麻布沒有分別。

「這麼說，如果楚國要攻打宋國，那就會和那個有偷竊狂的人一模一樣了。我以為，要打這一仗，楚國不會獲得什麼好處，反而令大王落得一個不義的名聲。」

楚王也是一個講道理的人，沒有把他推出去斬，只是推搪說：「你說得沒錯，只可惜，我們的雲梯已經做好了，現在停止攻擊，豈不可惜？」

其實，墨子也是一個實用主義的人，他很清楚，光是嘴頭上講服楚王是不會有結果的。所以，他馬上挑戰公輸盤，和他比拚攻守之道。

他們用一些小木塊，模擬城牆和雲梯，墨子充當守城的一邊，叫公輸盤來攻擊。公輸盤攻了九次，把手頭上攻擊用的小木塊全部用完，都被墨子成功地防禦了下來，而墨子手中用作防守的木塊，還剩下很多。

勝負雖已分，公輸盤卻說：「我還有對付你的方法，但是，我不說出來。」

墨子答道：「我也知道你有什麼方法，不過，我也不說出來。」

楚王問：「你兩個怎麼打起啞謎來了？」也是的，三個人在說話，有兩個說自己明白，分明沒有把楚王的感受放在心上。

墨子坦然說：「公輸盤的意思，是現在把我殺掉，宋國就沒有人懂得守城的方法了。這一點，我卻是一早就想到，所以事前已經把竅門教給了我的徒弟，現在有三百個弟子，正在宋國等着你們去攻擊。即使你們現在把我殺了，對戰果也沒有任何影響。」

連這一著也被墨子準備好了，楚王也只好打消出兵的念頭。

不過，我個人懷疑，公輸盤可能也放了墨子一馬，試想想，墨子未到楚國之前，哪知道雲梯的尺寸大小？如何操作？如果沒有這方面的實際資料，在戰場之上，生死瞬間，他的弟子又可以有多少把握，可以抵御雲梯的攻擊？要知道，製造雲梯需要時間；同樣地，反過來，要準備對抗雲梯的工具，要有針對性的功能，當宋軍看見雲梯實際的模樣，應該來不及製造合適的工具。

歷史的插曲

當然，歷史沒有開估，我們不知道公輸盤心中有什麼盤算。不過，歷史有另一條尾巴，原來，墨子成功說服楚王，消弭了宋國的戰禍，便起程回魯國，中途經過宋國的時候，恰巧遇上傾盤大雨，他想在城門下避雨，卻被守城的衛兵驅趕。他們當然無法知道，這個人剛剛救了整個宋國。

或問，墨子捨死忘生，白白騰折，究竟圖謀些什麼？原來，墨家的核心思想，最重要的，就是「兼愛」和「非攻」。至於功成之後，是否可以揚名天下，那就不在他考慮範圍之內了。

另一個插曲，在這件事之後，公輸盤還繼續和墨子交往。有一次，他們談到這件事，墨子說：「認識你之前，我很想取得宋國；見到你之後，知道這場戰爭是不義的，現在即使要將宋國送給我，我也不想要了。」

墨子回答得更妙：「你認為若不合乎義的話，你寧願不要宋國，這麼說，就等於我將宋國送了給你。你努力行義的話，我還要為天下送給你呢！」

這麼看，公輸盤是真心認同墨子的，亦因此故，對是非有了深一層的辨識。

公輸盤本來是熱衷於發明攻擊性武器的，有了這一個反思，給天下人免除多少戰爭的厄運，在墨子的角度來看，一個武器製造商轉變成兼愛世人的發明家，就是他心目中的所謂擁有天下了。不造武器的公輸盤，還是喜歡做些小玩意，有一次，他製成了一隻木鵲，將木鵲放上天上去飛，一飛就是三天三夜。

公輸盤當然覺得自豪，自認為再巧妙也沒有了，墨子卻這樣說：「你製造的木鵲，還不如我做的車輪，做車輪只需片刻的功夫，卻可以用來在 50 石重的貨物。所以，我說有利於人的技術才是真正的『巧』，無利於人的技術，其實是叫做『拙』。」

墨子這樣說，在那個戰事頻繁，民不聊生的社會環境，也許是有必要性的。他認為，有智慧、有技術的，都應該以幫助別人，改善生活為目的，所以，他絕對是一個實用主義的堅持隻。不過，這種實用主義，又的確扼殺了不少創意的發生，所以，在不同的客觀環境之下，其實有不同的考慮因素，墨子與公輸盤究竟誰對誰錯，也並沒有絕對的答案。

墨子在齊國

墨子是魯國人，經常到鄰近的齊國，宣揚「非攻」的道理，勸止齊國侵略其他小國。有一次，墨子去見齊王。

墨子：「我有一把刀，那人頭來試，一下子就把脖子砍斷了，算鋒利嗎？」

齊王：「很鋒利。」

墨子：「拿着這把刀，多砍幾個人的頭，也都一一砍下來了，這是好刀嗎？」

齊王：「這當然是好刀。」

墨子：「刀是好刀，但試刀的人，是否應該受到上天的懲罰，得到災禍呢？」

齊王同意並說：「為了證明自己的刀，殺了這麼多人，這個人當然應該受到災禍。」

墨子：「對啊，那麼，侵略別人的國土，殺死別國的軍隊和百姓，是否也應該受到上天懲罰呢？」

齊王想了想，心領神會，明白隨便侵略別國，是不義的行為。

墨子：被年月忽略了的一代宗師

墨子在衛國

墨子和衛國的執政大夫 公良桓子 關係很好，所以，經常去衛國探訪。衛國是小國，位於齊晉兩個大國之間，墨子就經常提醒他們，眼前的政治環境非常危險。

墨子說：「衛國的情況，就好像一個窮人，處於一班富人之中。窮人也想模仿富有的朋友，不計成本，過着奢華的生活，那是非常危險的事。你看，你家有數百輛車，數百匹馬，身穿華衣美服的婦女也有數百人，試想想，若將這方面的開支，節省下來，用作培訓人才，可以聚集千人以上的團隊。有了這些人才，當國家有事態發生，就不會擔心缺乏人才。對你來說，擁有一千名人才，與擁有數百婦女，究竟那一種措施，可以使你安枕無憂呢？」

墨子在魯國

魯國是墨子的老家，但他和魯國的政權關係卻並不密切，其中一個原因是因為墨子反對儒家的祭祀及禮儀，這方面，和當地國情很不相容。

魯國的人民習慣用小豬來祭祀，求神降以百福。墨子就說：「你送給人家少許東西，就希望人家回報許多，那麼，人家以後就不再

接受你給他的東西了。我們用一隻小豬去祭祀，就希望得到百福，那麼，以後鬼神就會害怕我們的祭祀。古代的聖王，侍奉鬼神，沒有什麼要求。現在，我們卻要求回報，還不如貧窮的人，沒有財力去進行祭祀的好。」

墨子先是提倡「節用」，鼓勵富人節儉，以「公利」為目標，在物質生活方面，要求打到「百姓皆得暖衣飽食，便寧無憂。」他的學說，主張人類的慾望，當以維持生命所必須的最低限度為標準，若超過這限度，就叫做奢侈。凡是奢侈的人，便是「暴奪民衣食之財」，即是侵害到別人的生存權益。有這樣的嚴格要求，當然不能得到富有人家的歡迎。

然後，他又提倡「節葬」，認為當時的喪葬儀式花費太多，影響民生；守喪的時間亦太長，減低整體的生產力。他當然是說中了社會的問題，但就變相和注重儀式的儒家系統對著幹。

最難令人接受的，是墨子的「非樂」，這其實也是在「節用」的主張之下，衍生出來的。他否定一切音樂、雕刻、烹調、建築等「美的藝術」，認為這些都是奢侈品，應該廢除。

他指出齊康公喜歡舞樂，所以養了大批歌者和舞者，而且，他們都吃得好穿得好，因為吃得不好，便會容貌憔悴；穿得不好，舞動起來就不好看。另一方面，這批人不從事生產的工作，還要依賴別人的供養。結果，齊康公在位十四年，就被貴族大臣田和逐出王位，從此，齊國的管治權，就由姓姜的家族易手，變成由姓田的家族管治。

所以，墨子說：「為政者喜歡音樂，就會剝削人民的福祉，所以是不對的。」

墨家的沒落

戰國時期，墨子思想十分流行，被稱為「顯學」，聲勢比儒、道兩家更大，究其原因，一般老百姓都是窮人，「兼愛」「非攻」合大家脾胃；說到節儉生活方面，窮人本身就沒有什麼娛樂，沒有受到太大的影響。而且，墨子救急扶危的形象深入民心，大家自然感激。

墨子死後，他的三百名弟子分成三派，最大的一派有一百八十名門人，由孟勝帶領。不過，孟勝在楚國一場內亂之中，率領門人誓死守城，結果，全軍戰死，令墨家的發展，從此一蹶不振。

當然，歷史學家有另一個看法，由於墨家思想非常適合亂世，在民不聊生的社會環境下，人民需要這種救世主的角色，救急扶危。當國家到了太平盛世的時候，人民普遍富裕起來，墨家那種自我犧牲的精神，就不再重要了。結果被儒、道兩家取代也是命中注定的事情。

《墨攻》電影海報（圖片來源：互聯網）

軻既取圖奏之，秦王發
圖窮而匕首現，因左手□
秦王之袖，而右手□□匕首
之，未至身，秦王驚，自引而起袖
拔劍，劍長操其室，時惶急劍
故不可立拔，荊軻逐秦
秦王環柱而走，群臣皆
卒起不意，盡失其度，而
法群臣侍殿上者不得
持尺寸之兵，諸郎中執
皆陳殿下，非有詔不得□
方急時，不及召下兵，以故
軻乃逐秦王，而卒惶急無

一鳴驚人的雙胞胎事件：

齊威王

齊國國君，善於納諫用能，勵志圖強，以賞罰分明、選賢任能為特點。齊威王修建稷下學宮，成為當時的學術文化中心。

一鳴驚人的雙胞胎事件：
齊威王

齊威王為田齊桓公之子，在位初期，「好為淫樂長夜之飲，沈湎不治」，把政事都交給庭中卿大夫處理。後來他相信虞姬之言，重用即墨大夫，烹殺（對，是酷刑之一）佞臣阿大夫，齊國得以大治。其後在幾位能臣輔助下，一度稱王中原，自齊威王始。

1 誰是真正的「一鳴驚人」？

春秋時代，只有楚國的君主自稱為王，其他諸侯都只是公或侯。楚莊王本來貪圖逸樂，不理朝政，他的大臣去勸他，和他說故事，稱南方有一頭大鳥，三年不飛，也不鳴叫，不知是何道理。

楚莊王知道人家是諷刺自己，便說這是神鳥，「不飛則已，一飛沖天；不鳴則已，一鳴驚人。」然後，他當真發奮圖強，成為春秋五霸之一。

三百年後，到了戰國時代，齊國的君主田因齊也是一個沉迷玩樂的人，他又有一個大臣，跟他說了這個故事：「我們的宮殿裏，

有一隻大鳥，幾年來既不飛也不叫，是什麼回事？」田因齊笑著回答說：「此鳥不飛則已、一飛沖天，不鳴則已、一鳴驚人。」說完之後，他帶領齊國，在軍事與民生方面都有顯著發展，亦正式成為了齊威王。

大家別誤會，我不是重複了兩段內文，歷史上的記載，楚莊王和齊威王的確講過同樣的說話，有過相似的發奮故事。

司馬遷在漢朝時寫的史記，就提到齊威王的「一鳴驚人」故事。不過，戰國時代的韓非子，筆下的「一鳴驚人」主角，卻是楚莊王。會不會是他們之中，有人搞錯了？抑或，戰國時代的齊威王抄襲春秋的楚莊王？又或者，兩人在不同時空，碰巧有相似的想法？無論如何，觀乎兩者的經典，都很配合「一鳴驚人」的意思。

2「門庭若市」不是講生意好

但凡明君，都必定會有良臣相助。齊威王身邊文有鄒忌，武有田忌。

田忌用孫臏之計，兩次大敗魏軍，並在馬陵之戰射殺魏將，擒魏太子奠，定了軍事上的基石。

　　文臣鄒忌也有一個故事，原來，他覺得自己長得俊美，但聽說有一個美男子名叫徐公，很想知道自己和他比較起來，誰會俊美一些。他先後問了自己的妻子、小妾、門客，三人分別都說他比徐公好看，他當然覺得沾沾自喜，但當他偶然遇上徐公之後，赫然發現，徐公之美，遠遠不是自己可及。

　　這件事令他有所領悟，小妾因為怕他，所以讚他俊美；門客有求於他，自然要討好他；妻子真心愛他，難免偏心，認為他是天下第一美男。結果，各有自己的原因，令他無法知道真相。

　　他把這件事告訴齊威王，兩人大笑一場之後，齊威王亦明白，齊國人人都怕自己，又或許想討好自己，又怎會講出真話，指出政策上的錯誤，讓國家有進步呢？

　　想通了這一點，他接受鄒忌的建議，正式歡迎大家對他進諫，而且對提出意見的人送獎金。一時之間，大臣們爭相提出意見，宮廷門前熙來攘往，齊國果然因此而變得繁榮興盛，後來，有個成語「門庭若市」，便是因此而來。

軻既取圖奏之，秦王發圖，窮而匕首現。因左手把秦王之袖，而右手持匕首揕之，未至身，秦王驚，自引而起，袖絕。拔劍，劍長，操其室。時惶急，劍堅故不可立拔。荊軻逐秦王，秦王環柱而走。群臣皆愕，卒起不意，盡失其度。而秦法，群臣侍殿上者不得持尺寸之兵，諸郎中執兵皆陳殿下，非有詔不得上。方急時，不及召下兵，以故荊軻乃逐秦王，而卒惶急

反顏值的先驅：

鍾無艷

中國古代四大醜女之一兼才女。雖然外貌極醜，但以智慧和勇氣自薦於齊宣王，最終成為齊宣王的王后，幫助齊國重振朝綱。

反顏值的先驅：
鍾無艷

　　鍾無艷可以說是歷史上醜女第一位。大家會問，這個人物大家都熟悉，粵語長片時代羅艷卿、余麗珍演過，電視劇鄭裕玲、陳松齡、陳法拉，電影鄭秀文都演過，每一次的演繹中，鍾無艷都會法術，難道不是神話中的角色嗎？

　　歷史上，鍾無艷的確是存在的，她是戰國時代的人，名字其實是鍾離春，由於在「無鹽邑」出身，加上她生得貌醜，鍾無鹽就逐漸變成鍾無艷，人盡皆知！

　　她究竟有多醜呢？歷史中說：「凸頭深目，昂鼻結喉，肥頂少髮，皮膚烤漆。」她的額頭向前突出，眼窩深陷，鼻孔朝天，頸部有男人的喉結，皮膚紅黑，這個形容非常具體，是怪獸級別的醜，不是一般的低顏值。

鍾無艷的父親曾經當過軍官，所以，她小時候就跟老爸舞刀弄劍，她當然不是會法術的女巫吶，但她學《易經》，在那時代做知識份子，也是不容易的事。

那時，趙國發兵侵佔齊國的鄄邑，無鹽邑正在附近，也被牽連，經常受到路過軍隊的騷擾。鍾無艷發現，齊國的國君完全不知道自己的疆土被侵佔，便直接去見齊宣王，在城牆大叫：「殆哉！殆哉！」要齊宣王知道國家正在危難之中。

她也真的向齊宣王力數眼前四殆（四個危機）：

1 趙國和齊國正在虎視眈眈；

2 齊宣王為了建造「漸台」，花費太多；

3 有識之士都退隱山林，朝廷中充滿阿諛奉承的傢伙；

4 齊宣王只懂享樂，不理朝政。

大家來猜猜，齊宣王有什麼反應？其實，在歷史中，齊宣王也不是影視形象中的膿包，反而是出了名的求才若渴。他聽了這些論述，大呼「金石良言！金石良言！」當下便封了鍾無艷為將軍，讓她帶兵去收復鄄邑。

鍾無艷真的有軍事才幹，憑手上的齊國軍隊，打敗了趙國名將白元，把趙軍從鄄邑趕走。鍾無艷凱旋而歸，齊宣王當然設宴慶祝，而且，更在席間宣布要娶鍾無艷為王后。

　　歷史沒有記載齊宣王為什麼要娶她，建了軍功，不是升個官就可以嗎？我懷疑，他是真心欣賞鍾無艷的才華，沒有把她表相的美醜放在心上。不過，我們看戲曲多了，誤會他迷戀夏迎春，是一般的好色之徒。

　　我們常常把「有事鍾無艷，無事夏迎春」，放在口邊，歷史上確實有鍾無艷的記載，至於夏迎春這位美女，則沒有明確的記錄，我懷疑可能是民間傳說創作出來的人物。畢竟，在戲曲故事中，齊宣王肩負男人劣根性的形象，讓二千年來受欺壓的女性，有一個出氣發洩的對象，也是一項功德。

　　另外一提，齊宣王的兒子和孫兒，都和醜女有緣。他的兒子是齊閔王，見證了繼母對齊國的貢獻，當他繼承王位之後，他遇上了一個女子，頸上長了一個大肉瘤，後人不知道她的名字，稱之為「宿瘤女」。齊閔王欣賞宿瘤女的德行，便效法老爸，娶了這個醜女做王后。只可惜，這位王后並不長壽，沒多久便死了，來不及有什麼貢獻。

　　然後，輪到齊閔王的兒上登上王位，是為齊襄王，他聽說有一個「孤逐女」，貌醜而有知識，遭家鄉嫌棄，便召見了她。經過數天的暢談觀察，齊襄王確定了孤逐女才華出眾，不過，他沒有娶她為后，改而把她許配給當時的宰相。

不同媒介的鐘無艷呈現方式（圖片來源：互聯網）

軻既取圖奏之．秦王發
圖窮而匕首見．因左手
秦王之袖．而右手持匕首
之．未至身．秦王驚自引而起袖
絕拔劍．劍長操其室時恐急劍
故不可立拔．荊軻逐秦
秦王環柱而走．群臣皆
卒起不意．盡失其度而
法群臣侍殿上者不得
持尺寸之兵．諸郎中
皆陳殿下．非有詔不得
方急時．不及召下兵以故
軻乃逐秦王而卒惶急

辯論專家：

孟子

儒家思想代表人物之一，與孔子並稱「孔孟」，後世尊稱他為「亞聖」。孟子倡導以仁為本。

辯論專家：
孟子

在儒家思想的發展之路，第一聖人當然是創辦人孔子，緊接而來的，就是「亞聖」孟子，他幾乎複製了孔聖人的人生之路。首先，孟子和孔子一樣，都是魯國貴族之後，不過，孟子是嫡系，家裏經濟狀況比較好，不用像孔子「故多能鄙事」，可以專心讀書；而且，一起步就和聖人孔子搭上關係，「受業子思」（子思就是孔子的孫兒）。

故事由孟母開始

孟子的成功，和孟母的教育方針有直接的關係。中國傳統故事中，有四大賢母，就是孟子、岳飛、陶侃、歐陽修四位的媽媽，而公認孟母居首位，究其原因，在於她重視兒子的教育。

原來，孟子小的時候非常調皮，這方面加強了媽媽的難度，亦直接導致「孟母三遷」的故事。最初的時候，他們母子二人住

在墓地旁邊，孟子就和鄰居的小孩一起玩，玩什麼呢？他們居然學著大人在墓前拜祭、哭喪的樣子，玩角色扮演的遊戲。孟子的媽媽看在眼內，就覺得：「不行！我的孩子不能再住在這裡了！」（這一點，和孔子有點不一樣，孔子童年時喜歡玩祭祀，卻被讚他有天份。）

然後，孟子的媽媽就帶著孟子搬家，在市集旁邊住了下來。哪想到，孟子又交到新朋友，和鄰居的小孩一起，學起商人做生意的樣子。（也許，年輕人喜歡 cosplay，古時和現代都是一樣的。）孟子的媽媽知道了，覺得這個地方也不適合孩子居住，於是，他們又搬家了。

這一次，他們搬到了學校附近，小孟子開始變得有禮貌，喜歡讀書，於是，媽媽滿意了，知道自己搬對了地方。孟子長大之後，亦果然成為一個有大學問的人！「孟母三遷」這個故事，其實示範了成長環境的重要性，你交什麼朋友，就會被這些同伴的習性影響，後人的確由孟母的兒子育成計劃，學到教育氛圍的重要性。

而且，孟母的教育示範不止「三遷」，還有「斷機」的故事。話說有一次，小孟子在背誦課文時，背一回，又停一回。這時候，母親正在織布，發現兒子有這個狀況，知道他因為分心而遺忘了書中的內容，於是，把他叫來問個清楚，小孟子回答說：「有所遺忘，後來才又想起來。」孟子的母親聽了之後，二話不說，拿起刀來割斷了正在織造的布疋，然後說：「求學的道理，就像織布一樣，必須將紗線一條一條織上去，經過持續不斷的努力，積絲才能成寸，積寸才能成尺，最後才能織成一匹完整有用的布；讀書也是一樣，持之以恆，經過長時間的累積，才能有成果。」經過這件事以後，孟子讀書就不再分心了。要知道，當時是戰國時代，兵荒馬亂，生活並不容易，孟母就是靠織布來維持家計，她這一剪，的確先聲奪人，再講道理，就不用長篇大論，一樣可以印象深刻！

　　大家可能會問，孟母教兒子，似乎花費不少？說到這裏，孟母還有一個殺豬的故事。有一回，小孟子看見鄰家殺豬，便問母親：「鄰家為什麼殺豬？」孟母隨便胡扯了一句：「殺豬給你吃。」話剛出口，母親馬上就後悔了，她對自己說：「我懷這個孩子的時候，

行得正坐得正，切肉切得不正我都不吃，這是為了胎教。現在孩子剛剛有了智力，我就欺騙他，豈非教他不誠實？」於是，孟母就掏腰包，向鄰居那兒，把豬肉買了下來給兒子吃，令無心的謊言變成事實。這件事看來，教育花錢還是一件小事，花費心力，才是重點，一切以自身作為示範，是為「身教」，的確不是一件容易的事，難怪她可以榮獲四大慈母之首。

孟子在齊國

在孟子的時代，儒家本身已經是名門大派，不過，聲勢方面，和當時流行的墨子和楊朱比較，就大有不如。

孟子先去齊國，他有一個叫做章匡的學生，在齊國做將軍，引薦他去見齊威王。見面時，孟子第一時間就宣揚儒家的仁政思想，只可惜，齊威王正在「一鳴驚人」的時候，對於仁政沒有什麼興趣，沒有讓孟子當官，只是贈他「百金」，就讓它離開了。我們記得齊威王有「門庭若市」的故事，任何人提供意見，都會得到打賞，所以，孟子只是眾人的其中一個，不見得受到什麼尊重，所以，孟子沒有收下這筆「打賞」。

孟子在宋國

孟子在齊國沒有得到重視，轉移去了宋國。當時宋康王剛剛做了宋國的第一任國王，不過，這個宋康王是有名的暴君，孟子就更難討好。

宋康王這個人，有多差勁呢？首先，他的王位，是由他哥哥手中搶來的。然後，他用皮袋子裝著血子，把它掛得高高的，再用箭射穿皮袋，滴出裏面的血水，稱為「射天」。既然不怕天，當然也不怕地，他抽出皮鞭來鞭打土地，並且燒掉土神、穀神的神位。

「天」、「地」之後，當然就輪到「人」了。誰敢勸諫宋康王，先會得到康王的辱罵，嚴重一些的，就要和天一樣，受他一箭。不過，日子久了，他覺得自己的威勢還是沒有什麼效果？便去問他的大臣唐鞅：我已經殺了那麼多人，為什麼大家還是不夠怕我？

　　明明大王不喜歡諫言，唐鞅又居然真的提出建議，說：「早前殺的人都是罪有應得的，故此，大家覺得該殺。一般無罪之人覺得和自己無關，所以不會怕你。如果你連無辜的都殺，人人自危，所有人都會覺得恐懼。」

　　宋康王認同唐鞅這個瘋狂理論，既然是無差別的殺，就先殺了唐鞅，然後再殺下去。當然，做暴君做得這麼明目張膽，大家看不過眼，多年之後，齊國領頭，與楚、魏二國聯手出兵，殺了宋康王，瓜分了他的土地。

　　看宋康王的行為，和孟子的「仁政」可以說是兩碼子的事。不過，在宋康王即位初期，需要粉飾形象，所以孟子來到時，也算是受到禮待的。不過，孟子以為自己是「有教無類」，人家是「本性難移」，始終沒有封他官，只送了他七十金。我們看，孟子肯收宋康王的七十金，而拒絕了齊威王的一百金，所以，宋康王對他應該是客客氣氣的，令他覺得自己被尊重。

孟子在鄒國

孟子回到自己的家鄉 — 鄒國。

這時候，孟子希望為家鄉貢獻力量吶，可惜鄒國也讓他失望了。當時，鄒國與魯國交戰，剛剛戰敗，鄒穆公問孟子：「這場戰事之中，沒有一個百姓肯為國犧牲的，眼睜睜地看着長官被殺，沒有人肯去營救。想殺他們，殺不了那麼多；不殺他們，又消不了恨，我應該怎樣做？」孟子先引曾子的話「出乎爾者，反乎爾者也」，翻譯為現代人的說話，就是「你怎樣對待別人，別人也會怎樣對待你」的意思。然後再說「只要施行仁政，老百姓自然就會親近他們的領導人，肯為他們的國家而犧牲了。」（奇怪的是，後人對「出爾反爾」這個成語，有完全不一樣的理解。）

其實，兵荒馬亂的時日，孟子說這一套，也不能怪鄒穆公聽不入耳。

孟子在滕國

　　鄒穆公沒有重用孟子，孟子卻遇上滕文公。其實，滕文公是老粉絲，當孟子在宋國時，他就去宋國，請教做人的道理。(這時候滕文公尚未登位，正在四出遊學。)

　　當滕文公的老爸滕定公去世，滕文公即位，他作為儒家的粉絲，當然要用儒家規矩來辦喪事。但墨子也說過，儒家的規矩太多，不容易做得整全，當然要問專家。滕文公就派人向孟子請教：這個喪事應該怎樣辦？

　　孟子建議滕文公實行三年之喪。

　　沒想到，滕國的文武百官齊心反對，守喪三年，國家的政事都荒廢了，怎能在戰國的大環境生存？滕文公沒辦法，只能再派人去找孟子，問些意見。

孟子說：「你是君主，要堅持信念，否則，你的威望就沒有了。怎樣堅持呢？你天天喝稀粥，捧著老爹的牌位哭。大家見你有決心，自然會仿效。」他還說，要行仁政，就像治病，開始吃藥的時候，身體可能不適應，堅持吃藥，身體才會好過來。

滕文公果然是個聽話的孩子，在喪廬住了五個月，沒有理會朝政。下葬時，哭得有聲有色，令所有人都覺得滿意，四面八方的人都來觀看，太子面容的悲傷，哭泣的哀痛，使前來弔喪的人都非常滿意！

這樣看來，滕國似乎是個好歸宿，所以孟子離開鄒國之後，下一站就來到滕國。不過，事情沒有像預期中般發展，孟子來到這裏，雖然受到尊重，工資也不錯，但就是沒有實權。

滕文公按照孟子「政在得民」主張，施行仁政，重視教育，效果顯著。不過，孟子就苦無發揮的機會；而且，滕國勢弱，早晚都是給別人吞併的，故此，孟子還是選擇離開。而事實上，滕國最後真的被宋康王滅了。

　　歷史沒法重來，我們沒法估計如果孟子留在滕國，滕國會否強大起來。不過，滕國被滅的時候，孟子還在生，只是不知道他當時有什麼感想。

孟子在魏國

　　孟子 53 歲那年，去了魏國見惠王。惠王劈頭就問：「叟，不遠千里而來，亦將有以利吾國乎？」孟子最反對國君把注意力聚焦在利益之上，所以回答說：「王，何必曰利，亦有仁義而已矣。」

　　當時魏國國勢已經大不如前，剛剛在齊威王那邊打敗仗，他的長子和龐涓，都被孫臏殺了；與秦國開戰，一樣吃了大虧。這時候，老人家想討回一些利益，也是無可厚非的。

　　孟子偏偏就對梁惠王大講仁政的好處，他說，用他的方法，即使用木棒，也可以抵抗秦楚的精兵。梁惠王希望知道的，是怎樣報復齊、秦、楚的具體辦法，孟子回答的，是長遠的政策，不會有短期的效益。大家留意一點，這年的梁惠王，已經八十歲了，和他談遙遠的將來，挑不起他的興趣，着實不能怪他。

又有一次，梁惠王覺得自己已經做得很好，魏國的人民，活得比別國好，為什麼大家仍然未滿意？孟子回答道：「大王喜歡打仗，我就用戰爭做個比喻。兩國交鋒，戰鼓響起，有士兵丟掉盔甲，掉頭逃跑了，有一個士兵跑了一百步，才停下來；另一個跑了五十步就停下來了。跑五十步那人取笑跑一百步的，您覺得可以嗎？」

梁惠王回答說：「怎可能呢？跑五十步和一百步，都是逃跑。」

孟子就說，梁惠王的政策，其實沒有做好，和跑五十步的逃兵是一樣的。

至於「五十步笑一百步」，也成為千古傳頌的常用語。不過，由這件事看來，我們知道孟子的道理雖然博大精深，但他善於用故事來演繹中心思想，值得學習。但用另一個角度來看，聰明的說詞，可以傳神地表達意思，說服別人，但未必可以達成目的。孟子嘴上講贏了，諷刺了梁惠王，但就未能讓他聽從自己那一套。

翌年，梁惠王死了，梁襄王登位，孟子見到這個新君主，第一印象是「望之不似人君」，於是，就離開魏國了。

孟子回到齊國

這時候，碰巧齊威王也死了，齊宣王登位，孟子來齊國，齊宣王以上賓之禮接待。齊宣王依然沒有給孟子一個官職，但肯拿出一萬鐘的糧食，讓孟子辦學校。孟子對這個沒有興趣。然後，他效法孔子，到魯國發展，照道理，這兒是儒家的發展中心，孟子應該有所作為。只不過，因為有人在這兒散播謠言，說出一些對他不利的消息，令魯國國君拒絕接見他。

最後，他就率領弟子回到家鄉，從此不再出遊，專心完成他的著作。在戰國的亂世之中，孟子的仁政主張沒法推動，但他延續了孔子的儒家思想，功勞非常之大，故此有「亞聖」的尊稱。

後世對孟子反對聲音：

我們看《射鵰英雄傳》，金庸先生借黃蓉之口，引用了一首詩來取笑朱子柳：

乞丐何曾有二妻，鄰家焉得許多雞。
當時尚有周天子，何事紛紛說魏齊？

原來，這首詩是明末文學家馮夢龍的作品，用來諷刺孟子的言行。

　　「乞丐何曾有二妻」是針對孟子寫過的寓言故事，指齊國一個乞丐，娶了一妻一妾，每日回家前都吃得飽，自稱很多有錢人請自己吃飯。兩個老婆偷偷跟蹤他，發現他每天去別人的墓地，吃人家剩餘的祭品。這個故事，是說有些人為了死要面子，而活受罪，非常可笑。但馮夢龍就覺得故事沒道理，一個乞丐怎會有兩個老婆？

　　「鄰家焉得許多雞」也是源自孟子的著作，說有個小偷每天都去鄰家偷一隻雞，避人指責，他就說：「那我就偷少一點，每月只偷一隻。」當然，這故事是指有些人不肯徹底改過。不過，馮夢龍就覺得，這個鄰居怎會有那麼多雞讓人偷？而且不作反抗？

　　其實，這兩個寓言故事各有重點，只是用來闡述一些道理，故事的真實性不太重要。只不過，後兩句就比較嚴厲了。

　　孟子處身戰國時期，周朝還在，周天子雖然勢孤力弱，但畢

竟是天子，但孟子週遊列國，希望得到聘用，這和他宣揚的忠義之道並不配合。如果他決心效力周室，就不會有一種「講一套做一套」的嫌疑了。

孟子延續孔子的精神，提倡「義」，講究「浩然之氣」，更有「民為重，社稷次之，君為輕」的名句，堪稱民主精神的始祖！

孟子更有一些比較激烈的言論：「君之視臣如手足，則臣視君如腹心。君之視臣如犬馬，則臣視君如國人。君之視臣如土芥，則臣視君如寇仇。」他就是說，如果君主對待大臣，能像對待親人一樣的話，大臣就會成為他的心腹；如果對待大臣，像對待狗和馬一樣，大臣就會視他為陌生人；君主如果對待大臣，像對待塵土一樣，那麼，臣子看待君主，就像看待仇人一般。

這樣的看法，其實也很中肯，但到了明朝開國，看在朱元璋眼中，就大逆不道了，故此，明朝出了《孟子節文》，把不順眼的句子刪去，讓讀書人只能讀他審查過的節本，科舉考試也只能考審查過的節本。幸而，好在，他的子孫都沒有繼續這麼做下去，否則，今天我們可能就沒有完整的《孟子》可讀了。

「始作俑者」的始作俑者是什麼人？

每當形容一件事，或者一種潮流的開始，我們會用「始作俑者」是某某人，許多時候，好像這個「作俑者」有什麼功勞似的，其實，只是中了一個「始」字，大家有沒有想過，什麼是「俑」？那就是陪葬用的人偶。

整句話，是出自《孟子》，原句是說孔子曾經說過「始作俑者，其無後乎？」我們來翻譯一下，這個意思是指開始用人偶來陪葬的初心，他的意思是「你現在開始用人偶來殉葬，換句話說，你心裡想的，是用人來殉葬，循這個方向發展下去，怎會沒有後著？」這裡所謂的「後著」，就是早晚會發展到用活人去殉葬。（有些人會用「絕子絕孫」來解釋「無後」兩字，

但令人覺得奇怪，孟子和孔子又不像會詛咒人
的，我相信原本的意思不是這樣。）

我們看孟子的原意，是以用人殉葬這件事為
例，指出開始時，是用人偶去代替一件壞事，
但壞事的本質，始終是壞的，只要開始了，慢
慢就會惡化，變成真正的壞事。所以，「始作
俑者」這個成語，其實就是指一些災難、壞事
的開始。

軻既取圖奏之，秦王發
圖窮而匕首見，因左手
秦王之袖，而右手[持]匕首
之，未至身，秦王驚自引而起袖
拔劍，劍長操其室，時惶急劍
故不可立拔，荊軻逐秦
秦王環柱而走，群臣皆[驚]
卒起不意，盡失其度，而
法，群臣侍殿上者不得
兵，諸郎中執
下，非有詔不得
不及召下兵，以故
軻乃逐　　　秦王而卒惶急

寓言故事的一代宗師：

莊子

道家思想代表人物，以「無為而治」和「至德之世」為理想。他的思想深受老子影響，被後世尊稱為「老莊」。

寓言故事的一代宗師：
莊子

　　道家思想以老莊並列，老子和莊子都是代表人 物，其中，莊子最懂得讀者市場的心理，安排了大量生動有趣的寓言故事，花鳥蟲魚，一石一木也會開口說話，吸引大家興趣，例如「井底之蛙」「得魚忘筌」「庖丁解牛」「匠石運斧」「東施效顰」「望洋興歎」「屠龍之術」等等，都是我們熟知的故事，只是忘記了出處罷了。

　　除此之外，金庸筆下《天龍八部》中，段譽的「北冥神功」便是源於莊子《逍遙遊》的首句：「北冥有魚， 其名曰鯤……」所以說，莊子的思想，其實早就植入了中國人的思想，以及日常的言語之中。

莊子的大葫蘆
　　在莊子的著作之中，經常有記載他和好朋友惠施互相辯論的故事。

有一次，惠施說：「大王送了一些怪種子給我，我把它種了，長出一些非常大的怪葫蘆來，我把它剖開來當水壺用，但因為它太大了，裝了水就太重，根本拿不動。所以沒有實際的用處，最後惟有把它打破了。」

莊子聽了笑著說：「可惜啊，你竟然浪費了好東西！我跟你說個故事，從前，宋國有個人，擅長配製預防手凍裂的藥方，他的家族以漂洗綿絮為職業，利用這個藥方，在冬天也可以如常工作。有個客人聽說此事，請求用百金買他的藥方。他想：自己做漂洗綿絮的事，收入不過數金，如今一旦出賣藥方，就可得到百金，就歡天喜地的做了這項生意。」

惠施說：「那人發了大財，不是很好嗎？」

莊子繼續說：「客人得到藥方，就去見吳王。當時，吳國正和越國開戰，到了冬天，與越人在水上作戰，大敗越人。吳王大喜，劃出一塊土地來封賞他。你瞧，同樣是使手不凍裂的藥方，有人用來漂洗綿絮，有人卻因此而有了封地，那就是由於用途的不同啊！」

惠施說：「這跟我的大葫蘆有什麼關係？」

莊子繼續說：「現在你有這麼大的葫蘆，可以用一個網子把葫蘆套起來，然後把它綁在腰上，就可以讓你在水中浮起來，優悠暢泳！你反而嫌它太大了，怎不想想它有什麼別的用途呢？」

莊子的牛和龜

印象中，莊子似乎是個很滑稽的人，他生於戰國時代，在宋國也有一份初級公務員的職位，理應生活安定。據說他讀了老子《道德經》，領悟了經書上的道理，便忽然辭去了政府工，到南華山歸隱去了。故此，我頗理解大部份家長的心意，實在不想讓孩子太早了解這種出世思想，免得大家在考試前夕集體頓悟去了。

莊子得了道，初級公務員的位置放不了在眼內，這個倒容易理解，厲害的是，當榮華富貴送到眼前，他依然視如糞土。話說當時的大國楚威王聞說他是個有德行的賢士，以黃金布匹駿馬為禮（說不定還有美女），希望聘他作丞相，他也拒絕了。

他的回答也很妙，他說：「有一頭牛，身上披著彩衣，口中咬著上等的飼料，名符其實的食得好，穿得好；看不起在田裡辛

苦耕種的耕牛，豈知，主人把牠送到太廟裡，原來是要牠當祭祀的祭品，這時候，刀俎在前，牠想回去耕田已經來不及了。」

他這樣的回答，分明是說伴君如伴虎，到楚王身邊做大官，有隨時會丟掉性命的危險，倒不如由得自己窮一些過活。楚王的使者還來糾纏，他又說：「大家來看這隻泥濘裡的烏龜，自由自在，多快樂！」

大家看著那髒兮兮的小龜，說實在的，真的不知道牠有多快活，著實摸不著頭腦，莊子繼續說：「你們宮裡面都有些龜殼，被珍而重之的供奉著，半點塵埃也沾不上，每次占卜的時候才會被請出來，不過，我敢打賭，牠一定寧願當泥濘裡的髒烏龜，也不想當廟堂裡尊貴的死龜殼。」

他就是這種做慣乞兒懶做官的態度，家長們當 然不希望以他為模樣。不過，話說回來，他沒有去當官，可不是躲在家中睡懶覺，他著作的莊子（後稱「南華經」），足足有十萬餘字，也不是三朝兩日寫得完的。

原來，他不肯當官，是他看破名利的表現，在道家的概念中，名和利都是身外之物，不值得重視，也不會追求。看破了名利，下一步就是看破生死，話說莊子又有一個鼓盆而歌的故事，原來他的愛妻死了，好朋友惠施前來慰問，卻見到他抱著一個瓦盆，一邊拍打著節奏，一邊放聲高歌，自得其樂，大概是我國第一代的 Hip Hop 了。

　　惠施忍不住問他為何行為怪異，他說：「人生下來，便一定會死的，生老病死和季節更替一樣，都是自然的事，本來就無需驚詫。」

　　所以，明末清初的才子馮夢龍形容莊子的時候，有「莫把金枷套頸，休將玉鎖纏身，清心寡欲脫凡塵，快樂風光本分」的說法。

莊子的扇，老婆的斧頭

　　在馮夢龍的筆下，莊子和他的老婆還有故事，也就是戲曲中的經典《大劈棺》，而且，華人拍的第一部電影《莊子試妻》，說的也是這個故事。

話說莊子共有三個老婆，第一個早死，第二個被他休棄，第三個姓田，是齊國的貴族，長得標緻嬌艷，陪他歸隱南華山，雙雙過那「快樂風光本分」。

一日，莊子出遊至一墳地，見到一少婦跪在一座新墳之前，手持一柄素扇，不停扇著墳土。莊子好奇，便去問其原委，少婦說：「墳中葬著的是我夫君，我們夫妻本來非常恩愛，所以，他臨終時囑咐我，要把他的喪事辦得妥妥貼貼，待得墳土乾透了，才可改嫁。你說啊，這剛下葬，要等多久才乾得透呢？所以惟有自己努力些，用扇子來扇墳，扇乾了才去改嫁。」

莊子見這少婦嬌弱，便仗義幫她扇了一會，也不知是否他這時已經得道，三兩下子功夫，就真的把墳土扇乾了。少婦大喜，便把那柄扇子送了給莊子，然後歡天喜地的走了。

回到家，莊子思前想後，心中不平，便吟起詩來：「不是冤家不聚頭，冤家相聚幾時休？早知死後無情義，索把生前恩愛勾。」

莊太太聽到了，覺得很出奇，明明老公是個諸事看破，什麼都不放在心上的人，怎地又會動氣呢？細問之下，莊先生便將少婦扇墳的事和盤告之。

　　莊太太一聽，忍不住破口罵道：「這樣的薄情婦人，居然還自稱丈夫生前恩愛，可真的厚臉皮得過 份。」

　　莊先生又吟道：「生前個個說恩深，死後人人欲扇墳。畫龍畫虎難畫骨，知人知面不知心。」

　　莊太太聽他一句「人人欲扇墳」，分明一竹篙打一船人，把天下女人都一概而論，馬上便出言抗議。豈知莊先生還不知趣，居然說：「夫人哪，看你如花似玉的人兒，假如我明天便死了，你深閨寂寞，難道真的捱得那麼三年五載嗎？」

　　莊太太這可火大了，夾手便把紈扇奪了過來，撕個稀巴爛，罵道：「我可是知書識禮的名門之後，好人家婦女哪能吃兩家茶？你要是不在，我也幹不出這 樣沒廉恥的事。你道人家像你般沒仁沒義的？死了一 個，又要一個；休了一個，又再娶另一個，我可是一鞍一馬，站得穩穩當當的，不會幹些丟臉事，惹後世恥笑。」

劇情來到這兒，大家當然想像得到莊子沒等幾天就真的掛了，莊太太也真的捨不得夫君，撫屍痛哭，每當憶起夫君生前種種好處，就更是哭得撕心裂肺的，的確是個恩愛夫妻模樣。

到了喪禮第七天，忽然來了一個俊俏書生，帶著一個老僕人，自稱楚國王孫，曾在楚地見過莊子，想拜在他門下學道，今天來到拜師，哪想到心儀的理想 師父已經去世了。楚王孫連忙在靈堂前行弟子之禮，拜了四拜，又對莊太太說：「小生與莊先生有約，現在先生身故，但我也當他是老師了，希望可以在府上暫住百日，一來為老師守喪，二來也看老師有什麼著作，好好學習。」

莊太太看這書生，不但長得俊俏，舉止又優雅，衣著又有品味，登時就留上了心，當下就沒有推辭，便把人家留了下來，還把她丈夫的遺作《南華經》和珍藏的老子《道德經》，一股腦兒捧了出來送人。

兩人守在靈堂，楚王孫說要研讀老師的學問，當師母的則天天在靈堂伴裝痛哭，卻是不斷跟這天掉下來的俊男眉目傳情。

又捱了幾天，莊太太按捺不住心猿意馬，悄悄找那老僕人說話。既問公子爺配婚了沒，又問公子爺喜歡怎樣的姑娘。

　　老僕居然直接的道：「公子爺曾說，娶妻當娶像師母一樣標緻的姑娘。」

　　莊太太聽她這麼說，就更是心癢難熬了，豈知老僕馬上又說：「公子爺又說過，可惜礙著師徒名份，否則，一定忍不住來追求大娘了。」

　　這還得了，莊太太大喜道：「你家公子也真顧慮得太多了，他和先夫只是鬧著玩的，又沒有真的授課，算不上是真師徒，而且，這兒偏僻荒山，人跡罕至，哪有旁人議論呢？老人家，你就賣個順水人情，替我們做媒罷。」

　　為免拖沓劇情，老僕人很爽快便答應了。翌日，老僕回來答話，居然是給楚王孫推辭了。

　　「為什麼不成，不是說公子爺心裡也喜歡嗎？莫非是你交待得不清楚？」莊太太這下子可急了。

老僕答道：「我轉達了大娘的意思，公子爺是滿心歡喜的，但他轉念一想，又覺得有三件事不妥，無法解決。首先，莊先生屍骨未寒，還安置在中堂之內，此刻成親，自是不祥。其次，莊先生是有名的賢人，論才學，我家公子不及其萬一，恐防大娘瞧他不起。第三，我們遠來拜師，沒有準備聘禮筵席的費用，馬虎成親，恐虧待了大娘，又惹人白眼。為此三事，公子爺苦思而無良策，所以他最後便打消了念頭。」

莊太太馬上哈哈笑說：「我還道公子爺顧慮些什麼，這個可容易。第一，先夫遺體可沒有生根，可以搬走，我們後院有一間空房，丟空已久，喚幾個夥計把他抬過去便成了。第二，我那冤家哪裡是名賢了，只不過是有點虛名，他上次休妻之事，就被人稱他薄德，楚威王請他當官，他自知德行不夠，便不敢接受，才逃到這裡來了，反而，我看公子爺青年好學，方是前途無量。最後，聘禮筵席不是重點，奴家也儲了私房錢黃金二十兩，足夠你公子爺去做套新衣裳，置些龍鳳花燭嫁娶禮品，過兩天正好是合婚吉日，我打掃一下，就可以成親了。」

看嘛，莊太太解決問題效率之高，可謂逢關過關，一場有板有眼的婚禮馬上就辦得妥妥當當。

洞房花燭之日，金碧輝煌喜氣洋洋之細節無需細表，一對金童玉女便給送到入新房之內，吃過合巹酒，正要解衣就寢，楚王孫忽然撫胸倒地，口吐涎沫，渾身抽搐，不知忽然得了什麼怪病。

莊太太這下子可慌了手腳，王孫公子這時人事不知，也無法告知自己是中了邪抑或得了病。莊太太連忙去找老僕人，問其所以。

老僕人來到，馬上說：「公子爺此病自小已有，通常每一、兩年才發作的。在家時，太醫有一古方，吃生人腦髓，只一小服，馬上便好。往日病發時，楚王隨便撥個死囚來，開腦取腦汁，輕鬆平常事兒；但如今在這荒僻之地，如何張羅？可能公子命中有此一劫，大難難逃。」

莊太太急道：「這可怎辦才好呢？總得想個法子來治好他……對了，我們找不到生人腦，死人腦可用嗎？」

老僕說：「我聽說人死後四十九日之內，腦汁可用。」

莊太太吁了口氣，道：「先夫死了才二十多天，何不開棺取腦？」

老僕有點猶豫：「這可不不太好吧。」

莊太太毅然道：「我與王孫既成夫婦，我便是他的人了，有何不好？」說罷，便自己抬了柄砍柴的斧頭，往後院破屋走去，一見棺木停放之處，馬上雙手舉斧劈去。別看她一個婦道人家，看似嬌柔，劈起棺來毫不含糊，兩斧頭便順利劈裂棺蓋。

這時候，忽然聽到莊先生在棺內歎氣，然後從內而外在棺蓋推開，道：「娘子，還不扶我起來？」

莊太太先是一驚，回過神來，便扶莊先生出棺。莊先生隨口便問：「娘子何事開棺？」

莊太太臨危不亂，道：「夫君死後，我日夕思念，方才聽到棺內有聲響，心中盼望夫君還魂復活，便來開棺迎接。」

莊先生又說：「原來如此，我想我死了不久，你還在服喪守孝之期，為什麼錦衣華服，還塗上這麼艷麗的妝容？」

莊太太解釋道：「夫君復活是喜事，開棺之前，特穿喜服，免得素縞相沖。」

莊先生又問：「娘子果然想得周到，為夫尚有一事不明，我的棺木本該放在大堂弔唁，怎麼如今身處破屋之中？究竟又是所為何來？」

任莊太太心思細密，口舌便給，也不知如何回答。

莊先生沒再追問，逕自走向寢室，奇怪地，王孫主僕卻不見了。莊先生見桌上杯盤羅列，那些吃剩了的喜宴菜餚還在，便坐下開懷大嚼，還叫太太暖酒來飲。

莊太太見丈夫沒有追究，便放下了心，開始甜言撒嬌，喝多兩杯，還想哄丈夫上床就寢。

　　莊先生不置可否，卻取紙筆，先寫了四句：「從前了卻冤家債，你愛之時我不愛。若重與你做夫妻，怕你巨斧劈開天靈蓋。」

　　莊太太看了這四句，啞口無言，莊先生又寫：「夫妻百夜有何恩？見了新人忘舊人。甫得蓋棺遭斧劈，如何等待扇乾墳！」

　　然後，莊先生往窗外一指，道：「你看誰來了？」

　　莊太太回頭一看，見是楚王孫主僕踱步來了，哪還有什麼病痛？她一驚轉身，還想砌詞掩飾，莊先生已不見了。再看窗外，楚王孫兩人也消失了，莊太太這時才知道丈夫修成了分身隱形之術，思前想後，羞愧攻心，便懸樑自縊死了。

　　莊子後來葬了娘子，又生出鼓盆而歌的故事，在馮夢龍的筆下，還有歌詞，記錄如下，以供同好：

　　「妻死我必埋，我死妻必嫁。我若先死時，一場大笑話。田被他人耕，馬被他人跨。妻被他人戀，子被他人打。 從此痛傷心， 相看淚不下。世人說我不悲傷，我笑世人空斷腸。人死若還哭得轉， 我定千悲淚萬行。」

話說回來，以今日的眼光，劈棺取腦，和我們的器官捐贈的概念是同出一轍，其實，也可以理解的。大家可能會怪她變心得太快了，但，我倒想問問，應該是要等多久才叫合適呢？是否三天太短，三十年太長？那麼，在三天與三十年之間，那中間作為分水線的時間，又應該劃在哪裡？看莊子的著作，對蟲子來 說，一天已太長；對上古神木來說，一百年也太短，這種相對論的調調兒，正是莊子最喜歡，最常用的，他又怎會執著呢？

　　幾百年來，許多評論都在於莊子試死了自己老婆，原來，《大劈棺》的故事，精髓不是在於試妻，而是在於愛情的不恆久性，不穩定性，故此，應該放下執迷，看破癡戀。這條思路，和莊子著作中，對名利、生死的態度是一樣的；只不過，當故事牽涉到男 女雙方角力的時候，讀者的注意力自然旁落，忘記了初衷。

　　或問，莊子試妻的故事是真的嗎？我無從考究，不過，即使莊子真的復生，你親自去問，大概他也不會正面回答，多半是講一個不相干的寓言故 事，讓大家琢磨琢磨算了。

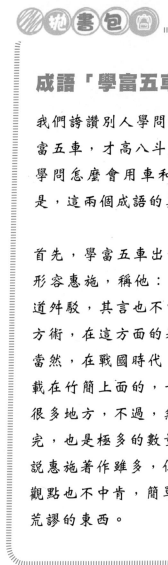

成語「學富五車」的由來

我們誇讚別人學問淵博的時候，常常會用「學富五車，才高八斗」兩個成語，有沒有想過，學問怎麼會用車和斗來量度呢？更難想像的是，這兩個成語的真實意思，是剛好相反的。

首先，學富五車出自《莊子·天下》篇，莊子形容惠施，稱他：「惠施有方，其書五車，其道舛駁，其言也不中。」那就是說，惠施懂得方術，在這方面的著作，可以載滿五輛牛車。當然，在戰國時代，尚未發明紙張，書本是記載在竹簡上面的，一束一束的竹簡，笨重而佔很多地方，不過，無論如何，五輛牛車才載得完，也是極多的數量。問題在於後面兩句，他說惠施著作雖多，但內容雜亂犯駁，他的言論觀點也不中肯，簡單地說，就是說他寫了很多荒謬的東西。

我們看莊子的著作，會發現他經常和惠施辯論，而惠施亦經常是他挖苦的對象，而他這一段形容，也一如預期，是充滿貶義的，並不是讚人家有學問。不過，日子久了，大家忽略了後面兩句，甚至忘了這是莊子的創作，單純看字面去解釋，就以為這是有學問的標準，即使是宋朝大學問家王安石，在他的《贈外孫》中，也有一句「長成須讀五車書」，用「學五車」來表示讀書多或學問大。

至於「才高八斗」，就真的是用來讚揚別人有學問的成語，在魏晉南北朝，詩人謝靈運稱頌曹植，他說：「天下有才一石，曹子建（曹植）獨佔八斗，我得一斗，天下共分一斗。」那是說，曹植佔了世界上 80% 的才華；剩下來的 20%，謝靈運也很厲害，自己佔了一半；最後的 10% 才華，就分給天下間的其他人了。這個說法，

意味天下人的才華都不在他眼裏，只有曹植才
值得他讚賞。

所以，「學富五車，才高八斗」兩個成語，一
貶一褒，大家用起來的時候，要留意一下。還
有，這裡的「車」是用「居」的音，可不要說
錯啊！

「朝三暮四」 vs 「朝秦暮楚」：

現代人說「朝三暮四」，可能會成為「上午去找小三，晚上還有一個小四」的新派解讀。事實上，我們一直也誤以為這個成語，是形容一個人花心，三心兩意；偶爾，也會用來描述都市人經常轉換工作。大家沒有估到，這個做法，是混淆了另一個戰國時代的成語「朝秦暮楚」。

先來看「朝三暮四」的故事，在《莊子：齊物論》有一個寓言，話說養猴子的老人遇到猴子罷工，猴子們抱怨伙食不足。本來，老人是早上餵猴子三個果子，晚上四個，猴子覺得不夠，鼓噪起來；老人便跟猴子說，改為早上四個果子，晚上三個。猴子們聽見有新安排，就高高興興的，繼續聽從老人的號令了，讀者當

然知道，猴子每天所得到的果子，都是七個，
總數沒什麼改變，但只是次序有一點改動，猴
子就覺得滿意了。

細心想一想，這是老人的一種偽裝手段，略作
修飾，愚弄了猴子。所以，「朝三暮四」可以
是玩弄手段的說法，和「朝秦暮楚」絕對不可
混為一談。

形容女性「沉魚落雁」是讚美嗎？

在許多文學作品中，都會用「沉魚落雁閉月羞花」來形容美女，而這八個字，亦分別代表了西施、王昭君、貂蟬、楊玉環四位古代美人。不過，「沉魚落雁」這句話，本來的意思，居然是剛剛相反的。

這四個字出自戰國時代，《莊子·齊物論》中有這一段：「毛嫱麗姬，人之所美也；魚見之深入，鳥見之高飛，麋鹿見之決驟。四者孰知天下之正色哉？」用現代的說話來演繹，就是指當時有兩個美人，毛嫱和西施，是人所共知的絕色美女，但這是用人的標準來判斷，魚見到她們，只會潛入水中；鳥見到，會趕緊飛走；鹿見到，更會嚇得跑開。由這個例子來看，人、魚、鳥、鹿四種動物，各自有一套美的定義，我們哪知道誰的審美觀才是正確的？

莊子的說法，是說我們對美醜尚且有不同的看法，對於仁義是非方面，就更加複雜和抽象，是難以辨別出一副統一的準則。當我們只看這四個字，不理會上文下理，很容易就忽略了莊子的原來意思。而且，在莊子的年代，王昭君、貂蟬、楊玉環等三位尚未出生，究竟是怎麼和四大美人拉上關係的？

原來，到了明朝，戲曲大師湯顯祖，在他的《西廂記》中，有「沈魚落雁鳥驚喧，羞花閉月花愁顫」之句，大師的劇作深入民心，大家用擬人法，形容魚、雁、月、花都用人類的眼光來看美女，然後各自覺得自愧不如，那是曲解了原來的意思，和莊子的想法背道而馳。

軻既取圖奏之．秦王發
圖窮而匕首見．因左手
秦王之袖，而右手持匕首
之未至身，秦王驚，自引而起，袖
拔劍．劍長操其室．時惶急，劍
故不可立拔．荊軻逐秦
秦王環柱而走．群臣皆
卒起不意．盡失其度，而
法群臣侍殿上者不得
持尺寸之兵．諸郎中
皆陳殿下．非有詔不得
方急時．不及召下兵，以故
荊軻逐秦王，而卒惶急無

上演了一場禪讓鬧劇：

燕王噲

燕國君主，禪讓君位於宰相子之，導致內亂。他的統治充滿變革與挑戰，近代學者認為燕王噲在燕文公時期已在管理國政，應是燕文公之子。

上演了一場禪讓鬧劇：
燕王噲

　　燕王噲在戰國時代，做了一件非常特別的事，就是把王位禪讓給他的相國 ─ 子之。

　　我們先來看看燕王噲的為人，他登位之後，不揮霍，行仁政，甚至自己親自和人民一起耕田。這樣勤政愛民的君主，自然受到愛戴，不過，他希望自己可以再進一步，可以和古代的聖人看齊。

　　相信他也曾經想過擴展版圖，效法春秋時代的晉文公、齊桓公等，成為一代霸主，他派蘇代出使齊國，去觀察齊國的虛實。當燕王問蘇代，齊王是個怎樣的君主，蘇代回答說：「齊王必定不能稱霸。」燕王又問：「為什麼？」蘇代回答：「因為齊王不信任和重用他的大臣。」

　　首先，我們看到燕噲王關心稱霸的問題，不過，以當時燕王的勢力，和稱霸又的確有很遠的距離。然後，他關心怎樣才可以做一個好君主，而他接收到的訊息，就是要重用大臣。

09

「不如把國家讓給子之。當年，帝堯之所以被後世稱為賢君，因為他曾經要把國家讓給許由，許由沒有接受，所以堯既得到了讓賢的美名又沒有失去天下。現在，大王如果將國家讓給子之，那麼，子之必然不敢接受，這樣一來大王便可以與當年的堯相媲美了。」他沒想到的是，子之真的接受禪讓，正式登基。

子之當權之後推行新政，但遭到燕國宗室的強烈反對，公元前 314 年，太子平率軍攻打子之，燕國大亂，百姓恐慌。燕王噲的兒子太子平趁機與將軍市被共謀，打算進攻子之恢復自己的王位。

齊國聽說了，覺得燕國內亂自己也可以分一杯羹，於是派人跟太子平說，太子您要行此義舉，我國家雖小但也支持你唯你是從（寡人之國小，不足以為先後。雖然，則唯太子所以令之）。齊王嘴上說支持卻又不派兵援助。

於是太子平糾結黨羽，將軍市被攻子之，結果失敗了，將軍市被和百姓反過來，攻打太子平。然後，市被戰死，燕國內亂幾個月，死者數萬人，百姓離心。

這個時候齊國就來趁火打劫了，派章子帶兵攻入燕國，殺死燕王噲，驅逐子之。齊國大勝，估計沒少擄掠燕國的百姓財物。最後，趙武靈王又介入，找到在韓國做人質的公子職，送他回燕國即位，是為燕昭王（燕國最了不起的國君，在他手上幾乎滅了齊國，詳情在蘇秦的故事中分享）。

　　這就是燕王噲禪讓子之的前因後果。燕王噲為圖虛名行禪讓之事，卻又不能平衡太子與子之，既然不能保證權力的順利過渡，就不要做此容易讓國家發生內亂的事嘛。在那個世襲制的時期，不把王位傳給自己兒子反而傳給外人，怎麼能保證不發生內亂。燕王噲的下場是咎由自取，卻連累了燕國幾個月的內亂，差點被齊國滅亡。

軻既取圖奏之，秦王發
圖，窮而匕首見。因左手
把秦王之袖，而右手持匕首揕
之。未至身，秦王驚，自引而起，袖
絕。拔劍，劍長，操其室。時恐急，劍
故不可立拔。荆軻逐秦
秦王環柱而走。羣臣皆
卒起不意，盡失其度。而
法，羣臣侍殿上者不得
持尺寸之兵；諸郎中執
皆陳殿下，非有詔不得
方急時，不及召下兵，以故
荆軻⋯秦王，而卒惶急

一再上當的君主：

楚懷王

破格任用屈原進行改革，但變法半途而廢。楚懷王統治時期充滿變革與挑戰，政策和外交舉動對楚國產生深遠影響。

一再上當的君主 ：
楚懷王

楚國在春秋戰國時期，有過幾次光輝歲月，楚莊王甚至位列春秋五霸之一，但每一次國力強盛了，都不可以長久。當中一個主因，是由於地方權貴的勢力太大，如果君主不夠強勢，就會變得難於管理。

戰國初期，楚悼王用吳起的改革方案，本來是有成效的。但當楚悼王病逝，立馬打回原形，連吳起也被當地的權貴殺死。

到了戰國中期，楚威王又重振聲威，擴大了版圖，儼如南方的霸主。不過，楚威王在位十一年，又死了，他的兒子熊槐繼位，是為楚懷王，又開始由盛轉衰的周期了。

其實，楚懷王的開局是很有前景的，他請屈原來幫助他治理朝政，和齊國結盟去抵抗秦國，政治方向是明確的。他老爸未死之前，曾經說過：「秦，虎狼之國，不可親也……寡人自料，以楚當秦，不見勝也；內與群臣謀，不足恃也。」可見他心中清楚，

秦國是一個禍患，不可不防。而楚懷王在繼位的時候，應該也是知道的。

可惜，楚懷王貪心，又有點蠢，做了頗多錯誤決定。秦國派張儀出使楚國，開出條件，答應割讓六百里地給楚國，誘使楚懷王與齊國斷交。楚懷王起了貪念，把本來的聯齊抗秦政策拋諸腦後，真的派使者去罵了齊王一頓。事後，張儀割讓了六里地給楚懷王……是的，你沒有看錯，是六里，換句話說，張儀反了口，一開始就打算欺騙楚懷王。

到了這個時候，楚王後悔也沒有用，他和齊國交惡了，這個關係不容易修復。惱羞成怒的楚懷王興兵攻打秦國，但他現在勢孤力弱，在戰場上被打敗了。他當然怨恨張儀吶，但他又可以做什麼呢？只能派人畫了張儀的畫像，然後用匕首插畫像來洩憤。

到了楚懷王十八年，楚國積聚了勢力，在南方滅了越國，國勢又開始好了起來，秦國就開始想和楚國修好，打算送一些土地給楚國。不過，今次楚懷王又不貪心了，他記恨張儀曾經欺騙過自己，所以拒絕了割地，反而想得到張儀。張儀來到楚國後，楚懷王馬上把他囚禁，相信是準備殺死他來洩憤。

不過，張儀有準備，他事前派人去見楚懷王的寵妃鄭袖，說鄭袖很快就會失寵。他說：「張儀是對秦國有功的名臣，現在把他囚禁了，秦國肯定會來營救。秦國既然想和楚國收好，就會提議把公主嫁過來，並且會選擇美貌的宮女陪嫁。同時，又會把土地送給楚國，作為公主的嫁妝，大王看重土地，秦國公主勢必會立為大王的王后，到那時候，大王就必然會忘記你。」

　　鄭袖為了自己著想，就向楚王進言釋放張儀。她認為，張儀如果能夠獲得釋放，秦國就不用送公主過來；而且，張儀也會感激自己救了他，令她得到秦國的尊重。她本來已在楚國的地位已經很穩，再加上結交秦國有功勞，她的子孫就有可能成為楚國太子了。事實上，她的算盤也沒打錯，她的兒子後來就是楚頃襄王。

　　有鄭袖的幫忙，楚懷王還真的放了張儀。面見楚王的時候，張儀居然提出要為楚王尋找天下第一美人，他這樣說，當然是為了討好楚王吶，但這一來，又把鄭袖嚇了一跳，暗中以重金賄賂他。結果，張儀假裝在大殿上初見鄭袖，然後對楚王說「遍行天下，未嘗見如此美者」之話，即是說，他尋遍了天下各地，為大

10

王物色美女，沒想到天下的絕色，就在楚王的宮殿裡，天下第一美人，就是眼前的鄭袖！

楚王與鄭袖都滿意了，張儀的地位也就穩了。看，上一回，老張還真的花了六里地；這一回，他居然用楚王的老婆來討好楚王，毫無成本，也虧楚王真的相信他！

楚懷王的蠢事，還未說完，到了楚懷王三十年，秦國由秦昭襄王當君主，他派兵打下楚國八座城池，並要懷王在武關會面。屈原等大臣認為秦國不可信，嘗試勸阻；可惜楚懷王抱著和談的夢想，真的赴約。結果就如大家所料，他真的被秦國劫持，更被送到咸陽軟禁起來。

秦昭襄王本來的計劃，是利用楚懷王作為人質，要楚國拿更多的土地來贖。到了這個時候，楚懷王展現君主的氣度，拒絕秦國的要求，並暗地裏想辦法逃走。不過，其他國家都怕強秦國，沒有人敢收留他，最後，逃亡不成，終於在秦國病死了。秦國把遺體送還楚國，「楚人皆憐之，如悲親戚」，楚國百姓對這個糊塗君主，始終還是愛戴的。

軻既取圖奏之，秦王發
圖，窮而匕首現，因左手
秦王之袖，而右手持匕首
之，未至身，秦王驚，自引而起，袖
拔劍，劍長操其室，時惶急，劍
故不可立拔，荊軻逐秦
秦王環柱而走，群臣皆
卒起不意，盡失其度，而
法，群臣侍殿上者不得
持尺寸之兵，諸郎中執
皆陳殿下，非有詔不得
方急，時，不及召下兵，以故
軻乃逐秦王，而卒惶急

縱橫兄弟：

張儀與蘇秦

張儀是縱橫家、外交家，曾攻占魏國的陝，而蘇秦則是同樣的縱橫家，提出合縱六國抗秦的戰略思想。

縱橫兄弟：
張儀與蘇秦

　　關於戰國時代縱橫家的發展，蘇秦與張儀的故事非常流行。故事之中，他倆都是鬼谷子的徒弟，蘇秦是師兄，早一些畢業，但畢業之後馬上失業，未能得到當時的君主重用，他覺得是因為自己讀得不精，於是，再埋頭苦讀，各家典籍，希望能夠領悟成敗的關鍵。據說，他把頭髮掛到樑上，讓自己不會打盹；疲倦時，就用鐵錐自刺大腿，用痛楚來刺激自己，通宵讀書，這就是成語「**懸樑刺股**」的來源了。當他感到自己已經讀通各方經典，便再去游說王侯。

　　蘇秦看得出，中原諸國都恐懼秦國，便主張六國合作，聯手對付強秦，這便是「**合縱**」策。他先到秦國的敵人趙國，趙王聽見蘇秦有抗秦計策，大喜，封蘇秦為武安君，授承相官職。主要工作就是去策動六國聯盟，共同抗秦。

　　蘇秦出使其他五國，分析天下大勢，成功說服六國聯成「合縱」戰線，共同對付秦國，令大家不再受到秦國的威脅。

得到六國的重視，蘇秦一人佩六國相印，無比威風。從楚國回趙，儀仗隊延綿幾里路，又有各國諸侯派來的專使隨軍護送，顯赫無比。戲曲中的經典《六國大封相》，說的就是這個故事。

話分兩頭，張儀亦畢業了，同樣面對失業問題，知道師兄好環境，自然想去投靠，希望謀取一官半職，一展所長。他來到相府，蘇秦的態度卻很冷淡，既不像往日的稱兄道弟，甚至用對下人的語氣跟他說話，明顯地不想讓張儀攀附自己。

張儀受到輕視，離開的時候，忍不住口出怨言。想不到，送他出門的下人也竟然罵起蘇秦來，說他為人刻薄，不值得追隨。兩人越罵越投契，那個下人表示自己早已打算離開蘇秦，不如投靠張儀，一起去打天下。

然後，有第二個想不到的地方，這個下人原來很有辦法，他知道有一個富人，同樣憎恨蘇秦，可以資助張儀，更為張儀打點行裝禮物，送禮賄賂秦國的權貴，找到門路去見秦惠文王。這時候，秦國面對六國合縱形勢，正是一籌莫展的時刻，忽然天降一個鬼谷子學生，當然大喜！

張儀與蘇秦：縱橫兄弟

張儀闡述了「連橫」之策，建議離間六國的關係，打破「合縱」的威脅。秦王一聽，大喜過望，馬上封張儀為承相，對付蘇秦。

就這樣開始了張儀與蘇秦的對立關係，最後，還有第三個想不到。原來，這個下人是蘇秦派來的，蘇秦先以自己的「不顧情義」來激勵張儀，同時，亦令旁人都認為他們兄弟反目，容易得到秦國信任。至於有富人因為憎恨蘇秦而資助張儀云云，其實是蘇秦自己的安排，他助張儀謀得秦國承相之位，好等兩師兄弟暗中照應，以合縱連橫的手段，把七國的注意力放在外交政策上，減少戰爭的發生。

張儀知道事情的始末之後，忍不住說：「師兄的謀略實在比我高出太多了！」

結果，七國在蘇秦張儀的默契之下，表面上劍拔弩張，實際沒有打了多少場大仗。

張儀與蘇秦 其實不是兄弟

　　按《史記》記載，張儀、蘇秦是同時代之人，在七國之間施展合縱連橫之術。蘇秦死後，他的弟弟蘇代仍然活躍。不過，《史記》在這方面的記載，主要是參考《戰國策》的內容，而《戰國策》並非史官所寫，主要是不同作者的作品，部份內容天馬行空，蘇秦的部份有年份上的矛盾，有人認為，這些段落是謀士的作品，有自我滿足之嫌，以蘇秦這一個角色為「代言人」，提高謀士的社會地位。

錢穆先生發表過一篇《蘇秦考》，指出一些疑點：

❶ 記載在蘇秦身上的事情，多數都是蘇秦死後之事。

❷ 不存在張儀與蘇秦為好友之事，更不存在蘇秦送張儀入秦

❸ 蘇秦的事情，可考的只有仕燕，避罪到齊國，為反間計，被齊王所殺。

❹ 指出蘇代的事蹟有可疑，在不同的時間都有出現。

❺ 合縱攻秦之事，發生在秦昭王、齊湣王、燕昭王、趙惠文王時，且只有五國攻秦，沒有六國攻秦之事，而且這事發生的時間，蘇秦死後的事。

張儀與蘇秦：縱橫兄弟

有另一個說法，蘇氏家族可能精通縱橫之學，所以，人們將其家族之事都算到蘇秦一人身上了。在錢氏考證的基礎上，很多學者都有進一步的研究，普遍認為，蘇秦實際上生活于張儀之後，《史記》記載是錯誤的。

到了 1973 年，長沙馬王堆的出土物中，有一件《戰國縱橫家書》，共 27 章，其中前 14 章的內容與蘇秦有關，當中有蘇秦的書信，或是他的說辭，這些東西，司馬遷寫史記時當然沒有看過，所以，《史記》中的蘇秦事蹟，與真實的歷史有所不符，是可以想像的。

學者從出土材料中研究，蘇秦的年代要比張儀晚得多（不是師兄），張儀死在西元前 310 年，蘇秦要晚死 25 年左右。至於蘇秦的事蹟，主要是為燕昭王服務，去齊國做間諜，後來死在齊國。《史記》把五國伐秦錯成了六國合縱，又推早了 45 年（前288前333）；再加上後世戲曲的喧染，產生了《六國大封相》的戲碼，又的確引起觀眾的無限想像。

張儀是誰？

張儀學成之後，第一站去了楚國，投靠楚國的相國。有一次，相國遺失了一塊璧玉，大家認為張儀家貧，就必定是他偷的，結果打了他一頓。

　　遍體鱗傷的他回家之後，妻子說：「若然你不去遊說諸侯，就不會有這樣的禍事啦！」

　　張儀問妻子：「你快來看看，我的舌頭還在嗎？」
　　妻子回答：「還在。」
　　張儀說：「那就夠了。」

　　我們看得出，張儀對他的舌頭有信心，他相信只要自己還能夠說話，就有出頭的日子。

　　這個時候，秦國由秦惠文王當國君，他重用公孫衍，多次打敗魏國，奪得不少土地。公孫衍對秦惠文王說：「魏國現在元氣大傷，不足為患，我們可能先對付其他國家。」對於這個策略，秦王似乎不太同意。

張儀失意於楚國，輾轉來到秦，他提出另一個計策：「魏國曾經是稱霸一方的強國，今日放過他，讓他找到喘息的機會，他日再想殲滅他，只怕就不容易了。而且，魏國樹敵太多，我們攻打他，其他國家只會袖手旁觀，阻力不大。」

　　秦惠文王接受張儀的建議，就用張儀來取代公孫衍的位置。

　　公孫衍覺得自己被無理解僱，心懷怨恨，就倒轉槍頭，遊說趙、魏、韓、燕、中山五國合作結盟，來對付秦國。嚴格來說，這是「合縱」策略的第一次取得成績。不過，張儀成功拉攏齊、楚兩國，減少秦國受到的威脅。不久，楚國就派兵伐魏，公孫衍的「合縱」面臨很大的挑戰。

　　到了公元前 318 年，合縱形勢又形成了。公孫衍發起魏、趙、韓、燕、楚「五國伐秦」之舉，以楚懷王為首，一起來攻打秦國，戰事初期取得頗多戰功，但在函谷關一戰敗了下來，五國紛紛退兵，「合縱」策略始終沒有得到成功。

11

公元前 313 年，秦國忌憚齊、楚兩國，便派張儀出使楚國，以割地六百里行騙楚懷王（請參考第10章〈楚懷王〉篇），離間當時國勢最強的齊國與楚國。

兩年後，秦惠文王死去，他的兒子秦武王即位，張儀就不再受到重用。故此，張儀就回到家鄉魏國退休。張儀和公孫衍是戰國時代「縱橫家」的代表人物，他倆的確「縱橫」了二十多年，憑外交手段，掌握各國的利害關係，影響當時的國際局勢。

比較起來，公孫衍的命運就不如張儀了，首先，「合縱」講求合作，經常被張儀的「連環」破壞，離間了合作夥伴之間的關係。另外，公孫衍的死亡，也是非常冤枉的。

由於「合縱」失敗，公孫衍備受懷疑，最後回到魏國，大概是想謀求一個安身之所。不過，在政治舞台上，他敵人太多了，包括相國田需和張壽二人。於是，田需暗殺張壽，把罪名嫁禍公孫衍，結果，魏王下令處死公孫衍來抵罪，可憐公孫衍吒叱風雲多年，沒想到最後是冤死的。

誰是「真·蘇秦」？

蘇秦的真正身份，相信和《戰國策》《史記》中的「六國大封相」版本有頗大的出入。在 1973 年長沙馬王堆出土的《戰國縱橫家書》之中，揭示出蘇秦的真實身份，其實是燕國的間諜；而他真正活躍的時間，亦比《史記》所記載的，遲了三十年，他在政壇上的活動，是在張儀死後才開始的。

我們看蘇秦的活動，主要是為燕昭王當間諜，深入齊國的領導層，左右齊國的決策，成功幫助燕昭王打垮齊國。他亦的確組織了一次「合縱」聯軍，不過，他們的共同敵人不是秦國，反而是齊國。真實的蘇秦，不但沒有「六國大封相」的風光場面，下場非常悲慘。

關於蘇秦的真正經歷，要由燕、齊兩國的仇恨說起。公元前 320 年，燕國爆發了「子之之亂」，燕王噲搞了一場禪讓鬧劇，他把國君之位禪讓給相國子之 (請參考第 9 章〈燕王噲〉篇) 的故事。但燕王噲的太子平不滿意，三年後，起兵攻打子之，齊宣王趁機起兵，五十天之內攻破燕國，在這個事件之中，燕王噲、子之、太子平統統都被殺了。)

　　齊軍攻入燕國，大肆搶掠，差點就把燕國滅了。後來，在趙、韓、秦、楚的壓力之下，齊國才退兵。而趙武靈王又介入，找到在韓國做人質的公子職，送他回燕國即位，是為燕昭王。

　　燕昭王身負報仇的重任，大量招攬人才，在易山之上建成了一個「黃金台」，令大家知道他重視人才的決心。一時之間，各地的賢士都來到燕國，當中包括名將樂毅，蘇秦亦是其中之一。

　　到了燕昭王三十年（公元前 284 年），燕國聯合趙、魏、韓、秦四國，以樂毅為上將軍，一舉攻破齊國，一報燕昭王父兄之仇，而燕昭王在位的時間，亦可以說是燕國最輝煌的一段歷史。

　　為什麼趙、秦等四國，會響應燕昭王的號召呢？樂毅是這樣說的：「齊國地大人多，善於作戰，我們不可以單獨進攻。大王如果想對付齊國的話，一定要與其他國家合作。我們就在趙國旁邊，應該首先聯合他們；如果有了趙國的支持，韓國亦必會跟從；至於魏國方面，由於孟嘗君非常憎恨齊國，所以也很容易游說他們加入。當我們有了這三國的支持，勝算就大了。」

於是，燕昭王派樂毅出使趙國，這一番遊說，非常順利。碰巧這個時候，秦國有使者在旁，樂毅順便以伐齊之利來遊說秦使者。秦使馬上回報秦王，原來秦王一直都忌憚齊國，見大家有伐齊的計劃，樂見其成，便即遣使者回報，願意參與伐齊大軍。

　　於是，燕將樂毅、秦將白起、趙將廉頗、韓將暴鳶、魏將晉鄙等，各率一軍，以破竹之勢打下齊國。這時，齊宣王已死，齊國的國君是他的兒子齊湣王（即娶了宿瘤女的那個齊王），他帶了文武官員數十人，逃了出城，並派使者往楚國求救，豈料楚國派來的軍隊，卻把齊湣王殺了。

　　大家會不會想，為什麼這次的「合縱」聯軍，會那麼順利？燕國和齊國有仇，其他四國為什麼又會合作？

　　原來，燕昭王早有計謀，早在五國伐齊的十年之前，他已經派蘇秦出使齊國，接近齊國政府的權力核心，影響齊國的政策。

　　在蘇秦的計劃之中，最重要的一步，就是對宋國的征討。大家可能還記得，在介紹孟子的時候，有提過宋國的宋康王，那是

一個殘暴，不受歡迎的君主。在蘇秦的鼓勵之下，齊王錯判形勢，加上幾分貪念，連續三次出兵，終於吞併了宋國。

得到宋國的土地，卻不是一件好事。首先，宋國的位置夾在齊、楚、魏多國之間，一直都是諸國垂涎的對象，現在被齊國獨吞，自然引起大家不滿，並且彰顯了齊國的野心。

另外，秦國本來是宋國的保護國，這一著，就惡化了齊秦之間的關係。

蘇秦利用宋國，已經得到關鍵性的成果，但他依然為伐齊的事奔走。公元前 287 年，他出使趙國，但趙國政權懷疑他的意圖，把他扣押下來，足足關了一年，讓他過着朝不保夕膽戰心驚的生活。

翌年，燕昭王派使者來救，齊湣王亦出面交涉，趙國終於釋放了蘇秦，而蘇秦亦知道，趙、齊兩國的關係亦已經破裂。

這時候，他寫了一封信給燕昭王：

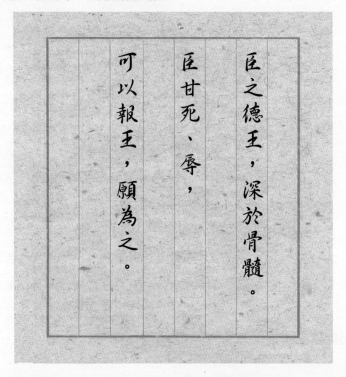

臣之德王，深於骨髓。

臣甘死、辱，

可以報王，願為之。

　　簡單的說，他感激燕昭王的知遇之恩，同時，他亦知道自己必然會犧牲。

　　結果，在公元前 284 年，五國伐齊時，齊湣王才醒覺到他的意圖，下令把他處死，在鬧市中把他五馬分屍！

軻既取圖奏之，秦王發
圖，窮而匕首現。因左手
秦王之袖，而右手持匕首
之，未至身，秦王驚，自引而起，袖
拔劍。劍長，操其室。時惶急，
故不可立拔。荊軻逐秦
秦王環柱而走。群臣皆
卒起不意，盡失其度。而
法，群臣侍殿上者不得
持皆

掃一掃

作者導讀
更易理解

四公子中的傳奇人物：

春申君

楚國政治家，「戰國四公子」之一。他在楚國政治和軍事上有卓越的成就。然而，他的結局卻是悲劇。

四公子中的傳奇人物：
春申君

　　「戰國四公子」名氣大，信陵君、孟嘗君名氣響，但又不是真的有什麼建樹。四公子之中，春申君黃歇名氣雖然稍遜，他的表現又的確出色，而且，他又有一件離奇事件，絕對稱得上是大人物。

　　黃歇為楚國效力，年輕的時刻到處遊學，辯才出眾。那時秦國強盛，想要攻打楚國，黃歇勸秦王停止，和楚國締盟，秦王承諾了，為了顯露誠意，楚國把黃歇和太子熊完送到秦國當作人質，整整當了十年人質。

　　後來楚頃襄王病重，秦國卻不想放太子熊完回去繼位，又是黃歇勸得秦王改變了想法，讓太子熊完回到了楚國，承襲王位，史稱楚考烈王。熊完當上了楚王，就任用黃歇做相國，黃歇一人之下，萬人之上，職掌楚國大權二十多年。

楚王不能生育，黃歇為楚王選了很多身材康健的女人進宮，卻始終沒有生下一兒半女。這時，楚國有個叫李園的人，想趨附榮華，送妹妹進宮，然而他聽說楚王不能生育，就把妹妹送給了黃歇做小妾。

李園的妹妹做了黃歇小妾後，很快就懷胎了。李園和妹妹協商，決心欺騙黃歇一把。於是，李園的妹妹就勸黃歇說：「如今您已經在楚國做了二十多年的相國了，威勢很重，楚國實質上都是您在執掌。然而大王沒有子嗣，等他死了，您該如何辦呢？」

「假如楚王死了，他的兄弟就會做楚王，您的官職位置就受到挾制。如今我懷孕了，您把我獻給楚王，假如我能生下男孩，這個孩子便是將來的楚王，他是您的兒子，您在楚國的位置就穩定了啊。」黃歇也是病急亂投醫，居然聽了這對兄妹的話，真把懷孕的小妾送進了宮。

李園的妹妹進宮後，當真受寵，生下了一個男孩。楚王大喜，立這個孩子做太子。李園的妹妹被立為王后，李園也青雲直上在楚國職掌了大權，可以和黃歇對抗。沒過幾年，楚王就病重了。

有人勸黃歇，說當今太子年歲小，倘若楚王死了，您是最合理的輔政大臣，李園必定會嫉妒你，想要殺掉你。世人有不測之福，無妄之災，你不如先動手為強，除去李園。然而黃歇覺得李園歷來是本身部屬的人，不敢這麼做，沒有採納提議。

沒過多久，楚王真的病逝了，李園搶先進了宮，在宮內潛匿了人手，等黃歇進宮的期間，就殺掉了他，割下頭顱丟到宮外。黃歇和李園妹妹的那個孩子當上了楚王，史稱楚幽王。而黃歇經歷的這一切，被歸納為「無妄之災」，後來產生一個成語，傳播至今。

大家看春申君的事蹟，是不是有點眼熟？會否聽過一段野史（或小說創作），稱呂不韋把懷孕的姬妾送給嬴異人，然後捧異人去做秦王，而姬妾生下來的兒子就是嬴政，即後來的秦始皇了！

我們現在看起來，似乎是後人把春申君的事件，轉移到呂不韋的頭上，張冠李戴，大概是嫌春申君的名氣不夠大，所以請呂不韋來飾演男主角。有趣的是，春申君死時，嬴政已經十多歲了，不知道他有沒有聽過春申君的事。當然，他更沒可能預計得到，自己會在這個故事中有戲份的吧！

戰國四公子

魏國的信陵君魏－無忌

趙國的平原君－趙勝

楚國的春申君－黃歇

齊國的孟嘗－君田文

（圖片來源：互聯網）

軻既取圖奏之，秦王發
圖，窮而匕首現。因左手把
秦王之袖，而右手持匕首
之。未至身，秦王驚，自引而起，袖
絕。拔劍，劍長，操其室。時惶急，劍
故不可立拔。荆軻逐秦
秦王環柱而走。群臣皆
卒起不意，盡失其度。而
法，群臣侍殿上者不得
持尺寸之兵；諸郎中執兵
皆陳殿下，非有詔不得
方急時，不及召下兵，以故
軻乃逐秦王，而卒惶急

超級生意人：

戰國時代政治人物，初為大商人，後來成為秦相，封文信侯，合力編撰《呂氏春秋》，為先秦雜家代表人物之一。

超級生意人：
呂不韋

　　要講秦始皇的身世，就要由超級生意人呂不韋講起。呂不韋本來就是一個商人，簡單來說，就是低價購入高價賣出的方程式，重點是投資在什麼有升值能力的產品，而他看中的，是一個人，這個人叫嬴異人，亦即是秦始皇的老爸。

　　當時，七國之間，習慣用人質來維繫國與國之間的關係。簡單來說，就是把我的兒子放在你家寄養，所以，我們兩家人就是朋友，如果我要做任何對你不利的事，都會有所顧忌。

　　大家可以想像，如果是我寵愛的兒子，就不會送出去當人質了。嬴異人正是秦王當時最不受重視的公子，於是，就給丟到趙國去做人質。我們來看看當時的歷史背景，剛剛打完「長平之戰」，秦國殺了趙國很多人。秦國的人質放在趙國，會受到什麼對待，完全可以想像。

呂不韋就看中這件貨品，現在是低價買入的時機，現實一點來看，是他唯一「買得起」的一個公子，只不過，如果可以把他擁立成為國君，那時的回報率就不是一本萬利那麼簡單，我們成語中的**「奇貨可居」**，說的就是嬴異人這一件「奇貨」！（我常常懷疑，奇貨的「奇」字，是對應異人的異字，只可惜無從考究。）

呂不韋傾盡家財，先幫助異人打進趙國的上流社會，建立名聲，然後在去秦國進行游說。

那時，秦昭襄王已經七十歲，異人其實不是他的兒子，而是他的孫兒。只不過，在這位太子的眾多妻妾之中，異人的母親最不受寵愛，故此，他生出來就注定不受重視。

太子寵愛誰呢？那是年輕貌美的華陽夫人。別以為受到寵愛就沒有煩惱，她沒有兒子，在古代宮廷的生態環境下，這時候等於沒有將來。呂不韋跟她說：「秦王年老，太子也五十多了，當他們去世之後，繼位的公子，自然會讓自己的親生母親當太后，這些年來，你得太子的寵愛，自然會被妒忌，遭到報復，你有什麼方法保障你的未來呢？」

其實，華陽夫人也知道自己的處境，便問呂不韋有什麼建議。呂不韋跟他說：「異人現在身處趙國，在眾多公子之中，他是最不受重視的一個。如果你能把他變成你的自己人，幫他一把，扶助他成為國君，他自然會感恩圖報。」

華陽夫人一想，這也是道理。當異人回到秦國的時候，呂不韋安排他身穿楚國的服裝，去拜會華陽夫人。華陽夫人本身是楚國人，見到這樣的裝扮，覺得特別親切，便把異人收為義子，賜名為子楚。

然後，華陽夫人勸太子選異人為承繼人。太子也真的寵愛他，二話不說便答應了。

過了幾年，秦昭襄王死了；太子繼位，但他只當了三天秦王，又死去了；順理成章，異人便成為了最新的秦王，是為秦莊襄王。呂不韋這一票生意果然賺過盤滿缽滿，自此當上了秦國的承相，風風光光的享受了十三年的富貴。

異人當了三年國君，又死了，他的兒子嬴政繼位，便是後來的秦始皇！

贏政也是人質

原來，贏異人回秦國的時候，沒有帶小贏政在身邊，把他留了在趙國。

贏異人答應和呂不韋合作，其實是當他的傀儡，其中一個條件，是要娶呂不韋的姬妾趙姬做妻子。後來，趙姬生下了贏政，這段關係，的確有點複雜，故此，往後的小說戲曲，經常用這段三角關係做文章。

當時，秦國趙國又有戰爭，異人在趙國的處境當然非常危險，呂不韋護送他逃了出去，就留下了贏政母子二人。過了一段時日，異人當上了秦王，兩國之間的關係又變得友好起來，趙孝成王就索性把趙姬和贏政送回秦國，當是兩國修好的一份禮物。

呂不韋的下場

呂不韋把贏異人當成傀儡，非常方便，也沒有出過什麼亂子。但當他想用同一套路，放在贏政身上，就不是同一回事了。贏政不想被呂不韋控制，暗中積聚勢力，當他成年掌權的時候，就把呂不韋革職流放。

軻既取圖奏之，秦王發

圖窮而匕首現，因左手

秦王之袖，而右手持匕首

之未至身，秦王驚自引而起袖

拔劍，劍長操其室時悇急劍

故不可立拔，荊軻逐秦

秦王環柱而走，群臣皆

卒起不意，盡失其度而

法群臣侍殿上者不得

持尺寸之兵，諸郎中執兵

皆陳殿下，非有詔不得

方急時，不及召下兵以故

軻乃逐秦王而卒惶急

韓非子

又是師兄弟的恩怨⋯

戰國時期法家代表，集大成者。他的思想對中國古代法家有深遠影響。

又是師兄弟的恩怨：
韓非子

法家「法、術、勢」三種概念，掌握得最全面的是韓非子，他的管治之術被廣泛應用，但他自己卻在獄中，無聲無息的死了，連死因也沒有人去查，根本沒有人追究。

韓非是韓國的公子，在韓國不受賞識，空有才幹抱負，卻一直被投閒置散，卻有專心寫好自己的文章。也不知道是他命中的福氣抑或是劫數，他寫的文章，竟然被敵對的秦王看到了，於是就派兵到韓國來搶人。

千辛萬苦才得到韓非，按理說，韓非應該很受秦王重用。可是，韓非的同門師兄弟李斯早已在秦國做官，一山不能藏二虎，而且兩人同樣師從荀子，武功家數一樣，李斯當然容不下韓非，輕描淡寫地說幾句壞話，秦王就把韓非扔到監獄裡去了。

14

韓非的著作很受歡迎，他的管治理論被廣泛應用，但秦王太寵信李斯，沒有給韓非應有的榮譽，就像收不到版稅的作家一樣，欲哭無淚。最後，韓非死在獄中，有傳指是李斯毒殺了他，那時韓非死得默默無聞，也沒有重案組去調查，這事就成為一宗懸案了，甚至可以說，他的死連稱為懸案也沒資格，根本就沒有成為一樁案子。

諷刺的是，有一天，秦王忽然記起韓非，就問：「咦，我那時不是搶了個韓非回來嗎？」臣下答：「王上，他死了。」秦王擺擺手，哦，那算了吧，也不追究，事情就完了。

商鞅講「法」，通過國家法令，令百姓服從，國家就會富強了；申不害講「術」，他認為君王只恃法律是不成的，要用權術去明辨臣下的忠奸；慎到講「勢」，要有權勢才能執行法律，有時不需真的用權力，有霸氣就能令人臣服，這一點較難學習，所以關於「勢」的學說是較少的。

韓非則結合「法、術、勢」，是第一個把法家三種思想結合的學者，可說是集三種家數之大成，也令後人可以有系統地學習法家的技法和思考哲學。

　　韓非認為，「術」最強的君主多半都很懶。我們常以為「無為而治」只是道家的說法，其實韓非也強調「無為而治」，他最強調的是「君王二柄」，君主只要掌握「獎」和「罰」兩件武器，加上臣下搞不懂你的心思，既怕被你懲罰，又想得到賞賜，就會盡力做事了。

　　君主也不應和臣下一同工作，不然大家就會猜到你行事的方法，失了威勢，試想想作為一個君主，聽到這個原則，當然龍顏大悅。話說回來，君主的責任便成為搜索能幹的部下，任用有真才實學的人，獎罰並用，就最有效率了。

　　我們現在以儒家、法家、道家等來分先秦諸子，其實在那個時代，門派分別沒有那麼清楚的，也沒有公司分類的註冊法案，只是提出自己的學說，《史記》中更把老子和韓非放在同一個列傳中。

韓非的「法」是法家思想的軸心,「術」則包含道家的「無為」,但是中心思想並不近似道家。例如韓非說獎罰時,舉了一個事例,火災的時候,別想著賞賜人們了,應該重罰不救火的人,救急時罰是最快見效的。這顯然不是道家的思想,只是用了道家的字眼。

韓非的「無為」,是君主不應親手去做事,他舉了個例子:舜作為聖人,事必躬親,農夫吵鬧時,舜會親自去田裡面生活,每天調停農民的紛爭,一年下來,農夫便和氣了;漁夫打架時,舜又去漁村當和事佬,又花了一年,結果漁夫們都真心和好了,大家都讚他不斷教化人民,是好君主的典範。

韓非則嗤之以鼻,如果皇帝要逐個逐個去處理人民的紛爭,他有多少時間?能調停多少宗案件?其實,政府只要設定好法律,不准打架,打架者罰,不打的就賞,人們自然不會打架了。

這套法則,至今仍應用在管理中。這也是法家的 明顯特色,比較「向前看」,相信社會會進步,所以要繼續變化。這一點在現代看來是人盡皆知,但在戰國時代,學者們喜歡「托古」,告訴大家,上古的君主才是聖人,我們要學習他們,但學習歸學習,實行起來又是否有效呢?

與堯舜時期相比，戰國時代的人口增長了許多，君主已不可能逐個人民去教化。所以，法家提出要用新的方法，應付社會的變化。

　　或者說，老子的道家思想是順應自然，而韓非的法家思想，則是順應人性的自然，而人性的自然包括自私，也包括懶得思考，所以肯去守規距。韓非曾說：「古之全大體者，不以智累心，不以私累己。」真正厲害的人，不一定有很高的智謀。

　　我們回看歷史中，劉邦可說是文不成武不就，他就靠韓信、蕭何和張良，是「將將」而不是「將兵」，利用手上的大將，再由他們去管理他們的部下。找一些自己能駕馭的得力助手，就能以一馭萬了。

　　至於怎樣駕馭臣子？韓非在《解老篇》中，解釋了老子的「上德不德，是以有德」，他說：「德者，內也。得者，外也」。作為一個君主，「勢」是很重要的，有德行威勢，自然會得到大家的幫助。

如此看來，法家和道家也有一套一脈相承的方程式，我們看到韓非和老子都提倡愚民政策，老子說大家「絕聖棄智」，不要過份追求智慧；韓非也覺得人民不必思考太多，跟從法例就可以了，在上位者才該動腦筋。

韓非另外有一個特色，就是喜歡用故事來說道理，幾乎是中國版的《伊索寓言》。先說「婦人之仁」，話說梁惠王一向被人稱為仁義之君，有一天，他問一個叫卜皮的臣子：「卜皮呀，人民對寡人的評價是怎樣的呢？」卜皮當然答，大家都讚你是仁君。

梁惠王聽了很滿意，正常來說，國王自己找機會讓臣子拍馬屁，拍一記還是拍兩記沒啥分別，偏偏梁惠王這次還想過多一過癮，又再追問一句：「那將來我會名留青史，抑或遺臭萬年？」卜皮卻回答，你一定會亡國的，因為你是一個仁君，仁君做事顧忌自己的名聲，懲罰臣下時會手軟，最後國家就會破敗，這就是婦人之仁。

當然，這事多半是韓非的創作，如果是事實，再來多兩個卜皮也都給斬了。說故事有說故事的技巧，先找一個名人（梁惠王）來做主角，他是以仁德聞名的，得出結論就是「仁君會亡國」，指仁慈的方法不一定有效。

　　韓非《外儲說》是這樣寫的：「夫慕仁義而弱亂者，三晉也。不慕仁義而治強者，秦也。」三晉就是「三家分晉」後的韓趙魏，他們奉行仁義，結果亡國了；秦國由商鞅變法起，講求法治，結果就能富國強兵。

　　雖然韓非把自己的祖國用作失敗的事例，但他也幫韓國說過好話。他寫了一篇叫《存韓》的文章，指韓國對秦國而言，和一個郡縣差不多，都是在秦國的控制範圍下。所以，秦國應與韓國聯手，對付其他國家，而不是攻打韓國，逼韓國站在其他國家那一邊。簡單來說，就是建議秦王把韓國變為殖民地吧！這一著也是用心良苦，形勢比人強，如果堅持維護國王的尊嚴，便不啻是出賣人民的太平日子，那時的殖民地，還不是換個老闆罷了？

　　李斯馬上唱反調，他舉了「崤塞之患」作例子。在秦穆公時代，秦國本來想進攻鄭國，有個叫「燭之武」的謀臣走出來說，只要保存鄭國，我們就會一起對付晉國了。秦國信了，但鄭晉兩國都是同姓的親戚國，它們反而聯手對抗秦國，結果秦國在「崤」這個地方大敗，此後百多年都無力向東邊征伐，只能向西征討，建立根基。

　　李斯的意思是，韓國就像一把匕首插在秦國的胸　口，如果不先消滅它，日後秦國攻打趙、魏等國時，「崤塞之患」豈不是會歷史重演？

　　事實上，韓非也只是韓國的公子，他也不能代韓王　許下諾言，結果秦國就滅掉了韓國。說到韓非的「法、術、勢」三合一，的確是粹取了法家的各項精華，可惜他的著作雖然流傳千古，但他生前卻無緣享受實踐理論的樂趣與成就。

軻既取圖奏之．秦王發
圖窮而匕首現．因左手把
秦王之袖，而右手持匕首揕
之．未至身，秦王驚自引而起袖
拔劍．劍長操其室．時惶急念
故不可立拔．荆軻逐秦
秦王環柱而走．群臣皆
卒起不意．盡失其度．而
法群臣侍殿上者不得
持尺寸之兵．諸郎中
皆陳殿下．非有詔不得
方急時．不及召下兵以故
軻乃逐秦王而卒惶

第一 刺客並沒有成功…

荊軻

著名刺客，受燕太子丹之託入刺秦王政，失敗被殺。他的故事被收錄在司馬遷的《史記》中，「圖窮匕見」的典故即來自此。

第一刺客並沒有成功：
荊軻

在五千字的《刺客列傳》中，荊軻一個人就佔了三千字。很多人都知道荊軻圖窮匕現的故事，但可能很難想像，荊軻刺秦王的失敗原因，竟然是因為他不懂音樂。

荊軻的故事，就是由秦始皇做老大的世界開始。地球人都認識秦始皇，把六國都滅了。宋朝蘇洵有一篇很著名的文章叫《六國論》，講述六國該怎麼做，才能不被秦滅國，是事後孔明的經典範例。文章中說，如果燕國不派荊軻去刺秦，可能燕國就不會滅了，因為燕國不把希望寄託在刺客身上，會做點更有建設性的事情，去防備秦國。事實上，燕國一直採取不妥協態度，亦老是讓秦始皇頭痛。

話說燕太子丹非常熟悉秦始皇，因為他們識於微時，甚至可能是兒時玩伴，兩個曾一起在趙國做質子被脅持。太子丹知道秦始皇為人霸道，掌權後一定會吞併燕國的，所以他趕緊召開董事局會議，和謀臣一起商量對策。

　　謀臣們首先找來一個叫田光的老伯，是上一代的武林高手，就叫他去刺殺秦始皇（那時還是秦王，未發明始皇帝的稱號）。田光無奈地回答：「沒錯我是武功蓋世，但那是很多年前的事情了，現在我走樓梯都腰酸背痛的，事到如今，真的沒辦法去當刺客啊。不如這樣，我認識一個叫荊軻的年輕高手，我介紹給你們認識吧。」這事很明顯是襯托法，先找一個高手，那個高手說，在我之上還有一個超級高手啊。這種手法後來很常見，《三國演義》中，我們看見徐庶在劉備帳中當軍師，先露兩手功夫，肯定了徐先生的智謀級數，再由徐引薦諸葛亮，說這位諸葛先生如何神機妙算，我如何不及這位高人十分之一，由一位高手口中，去褒揚另一個高手，這時候，正主兒千呼萬喚始出來，這套路極有效。

　　於是，田光就淪為了殺手中介人，他去找荊軻之前，太子丹叮囑田光，刺秦王是國家一級機密，千萬不要洩密啊。田光就把這份工作介紹給荊軻，荊軻還未答應，田光忽然說，剛才太子丹叫我不要洩密，就是說我德行未夠，不能取信於他，所以我跟你說完之後，我就要自殺了，你自己去找太子丹吧。於是，田光就死了。

荊軻呆住了，有個中介人跑過來介紹工作，然後在自己面前自殺了，這是什麼戲碼，我該怎麼反應啊。荊軻本來是一個任俠江湖，自由自在的快樂大叔，忽然禍從天上來，被田光用命來逼著接任務，可以說是情緒勒索的終極版，他哪有得選擇？只得去向太子丹報到。

大家一起商量對策，秦王也不是傻子，歷史上那麼多名人被行刺過，《刺客列傳》中荊軻還排第五哩，秦王肯定很小心，怎會讓一個燕國人湊近他身邊。

於是，以太子丹和荊軻為首的集團絞盡腦汁，想到了一個方法。他們先找到秦王最憎恨的人 — 叛將樊於期，叛徒比敵人更可恨。秦王朝思暮想的，不是什麼心愛美人，卻是這個叛將的人頭。荊軻就對樊於期說，我幫你報仇殺秦王，但你要先死，樊於期居然聽他的話，乖乖自殺。唉，秦王還未出場，燕國集團已經有很多人殉職了。

荊軻帶著樊於期的人頭去找秦王，這個頭非常重要，除了用殺叛徒讓秦王高興之外，亦是代表燕太子丹連面子也不要了。此話何解？當年太子丹寧願得罪邪派武林盟主秦王，也要力排眾議

收留樊於期，這種英雄氣概著實在六國中威風了一把。現在燕
國自動送上樊於期的人頭，代表他放棄了在六國的地位，甘願
秦王的腳下當個小嘍囉。

　　除了人頭外，荊軻還拿著地圖上殿獻地，做出一副小綿羊
的模樣，告訴秦王哪裡易守難攻，我們把這塊土地獻給你後，
你就很容易戰勝別的國家了，還可以擴充勢力。事實上，荊軻
也沒騙他，後來秦王用了五年時間收服燕國，再花一年，就統
一了六國，可見燕國的土地是一塊超級方便的跳板。

　　地圖加人頭，荊軻拿著這兩件道具，順利接近秦王。接下
來，在影視作品中重播了逾百遍的場景就發生了，荊軻翻開地
圖，拔劍殺秦王失敗，秦王繞著柱子逃跑。

　　此後，不少詩人曾以荊軻刺秦的故事為題材，駱賓王曾寫
「此地別燕丹，壯士髮衝冠，昔時人已歿，今日水猶寒」，也
因為這首詩，後人常把荊軻和「怒髮衝冠」聯繫在一起，電視
劇演荊軻刺秦王的時候，總會看到荊軻內功爆發，頭髮像刺蝟
一樣全豎起來了。

陶淵明也曾說「昔哉劍術疏，奇功遂不成」，你武功太爛，所以就輸了，但詩末又感慨荊軻「其人雖已歿，千載有餘情」。後人是很推崇荊軻的，勇武、見義勇為，也有犧牲精神。

但荊軻的失敗真是因為劍術不夠好嗎？如果他武功真的很爛，田光和樊於期也不會自殺，把命賭在一個武林低手身上。

這個故事中有幾個環節，在影視小說中都記錄得很清楚。首先，荊軻的劍攻擊力是很高的，但很短，為了方便藏在地圖裡，所以只有一尺七寸長，短劍淬過毒，見血封喉，也不用刺中要害，隨便割破秦王的手指頭，刺殺就成功了。按道理說，即使荊壯士的劍法荒疏，在這近距離的攻擊範圍之內，也沒失手的可能。

到了現場，荊軻左手捉著秦王的衣袖，右手就打算一劍刺下去，沒理由會失敗啊。沒想到秦王用力一掙扎，袖子就裂了，他趕緊跑開，繞著柱子跑。由於所有人上殿都不准帶兵器，所以衛士們只能像傻子般 站在兩旁，看著大王和刺客玩躲貓貓。

話說荊軻帶了個助手秦舞陽，但荊軻和秦舞陽各拿著一份禮物上殿時，秦舞陽太害怕了，想著自己待會要刺殺王上，鐵定會被斬成肉醬，他就渾身發抖，荊軻只得笑著說，小孩子沒見過大場面，看到大王的龍威就失態了，讓他退下吧。於是，秦舞陽退場，只留下荊軻和秦王單挑。本來助手只要擋一擋秦王的去路，刺殺應該就成功了，歷史亦會改寫，所以後人說，不怕神一樣的對手，只怕豬一樣的隊友。

其實秦王腰上掛著一把七尺長的寶劍，但太長了，形容人很高才說「昂藏七尺」，這把劍跟姚明一樣高，關鍵時刻拔不出來。古時的人說話超精簡，正確的說法，當時大家喊的是「王負劍」三個字，他們怎麼聽得明白，我可沒有頭緒，為了讓生於現代的讀者了解，我用詳盡一點的句子描述。站在大殿兩旁的啦啦隊衛士們 就喊：「大王把劍放在背上，就能拔出來了。」

這時候，殿旁有個太醫叫夏無且，把身上的藥囊擲向荊軻，不知那玩意有多大，反正阻了荊軻一瞬間，秦王就把劍拔出來了，斬斷了荊軻一條腿。這場刺殺行動，便差不多來到尾聲了。

荊軻變成殘疾人士後，依然很堅毅，扶著柱向秦王爬過來，忿忿不平地說：「本來我該贏的，但我捉著你衣袖時，想逼你立下承諾，不去攻打燕國，遲疑了一刻，你才逃掉了。」荊軻想學那位「名為刺客實為綁匪」的曹沫前輩，反而導致了失敗。啦啦隊們上前圍毆，荊軻終於死了。

　　傳說荊軻死後，秦王對著他的屍體發呆了半天，好半晌才說：「還是夏無且最愛我。」受過魔鬼訓練的衛士通通做了啦啦隊，一個跑龍套的太醫反而擲了個藥囊，得到了下半生的富貴。我們記得多少個太醫的名字？夏無且就青史留名了。

刺殺之後的故事

　　主角死了，故事還未完，男配角高漸離出場。高漸離是荊軻的知己，荊軻刺秦王失敗，當然被誅九族了，高漸離馬上躲起來，隱姓埋名去外國打工。話說高漸離亦是一個高手，但他不是武林高手，卻是一個音樂高手，最擅擊筑（秦朝一種弦樂的敲擊樂，有點像古箏或揚琴，至宋朝失傳）。

（圖片來源：互聯網）

15

高漸離又沒滿腔熱血的去幫荊軻報仇，人都躲起來了，這筆賬應該跟他無關。誰知他的新老闆也是擊筑樂師，高漸離看著老闆擊筑，藝術家脾氣發作，忍不住插嘴說：「哎，你這裡彈得不好。」老闆不服氣，就讓高漸離上場，高漸離也是真高手，一出手就名動天下。

倒楣的事發生了，秦王很喜歡音律，就召高漸離來演奏。臣下們提醒秦王，這傢伙是荊軻的好朋友，把他召到身邊很危險的。秦王也有一種牛脾氣，非得要聽高漸離擊筑，就想出了一個「好方法」。

秦王用煙熏盲了高漸離雙眼，「你繼續彈給我聽，我不殺你，我只要你瞎」，說得多仁慈。高漸離從此天天在秦王身邊演奏，秦王就自以為安全地沉醉在音樂的世界中。

誰知高漸離把鉛灌進筑裡，增加筑的重量，有一次，他很接近秦王的時候，就把筑劈頭擲向秦王，打算擲死他。一個瞎子單挑一個健全人，武器只是個臨時改裝的樂器，怎麼可能贏？高漸離打不中秦王，於是他也死了。

自從高漸離的「刺殺」後，秦王敵視六國的人，從此不讓六國人靠近他。這一來，也種下了六國的知識分子無法出頭的禍根。

荊軻的目的不單單是刺死秦王，《六國論》只裁取了部份元素，就說荊軻刺秦王的計劃沒用。事實上，這計劃只是實行時出了意外，如果荊軻有一個厲害的助手，刺殺很大可能成功。說起來，荊軻早知道秦舞陽是豬隊友，臨行前，荊軻說要等一個朋友來幫忙（到現在也沒人知道那朋友是誰），燕太子丹很著急，叫荊軻別等了，找來三個高手給荊軻挑選，荊軻在矮子堆裡挑高個，最後選了秦舞陽，一個十三歲就殺過人的兇悍之徒，結果依然是拖後腿的豬隊友。

太子丹的故事更是精彩

後世根據荊軻刺秦王的藍本，幻想了許多關於荊軻、太子丹、秦始皇愛恨纏綿的三角戀故事。

春秋戰國，各國常向別的國家討人質，總不能捉個路人甲吧，只能把兒子送去做人質。那時候，太子丹和秦始皇曾一起在趙國做質子，後來，太子丹又去了秦國做質子，果然是天生的人質命。

　　根據與《史記》同時代的小說《燕丹子》記載，秦始皇不准太子丹回燕國，冷笑著說，除非烏鴉變白色、馬頭生兩隻角，我才讓你回家。當然，太子丹的主角氣場產生作用，仰天長嘯後感動了天地，那些異象通通都出現了。秦始皇還要設陷阱算計他，他逃過重重劫難，終於回到燕國，這才真算是武俠小說。

　　田光幫太子丹找殺手刺秦王，先找了夏扶，夏扶只是「血勇」，勇氣在血液裡；宋意是「脈勇」；秦舞陽則是「骨勇」，說得好像有 X 光似的。後來我們看到，到了刺殺現場，「骨勇」還是會被嚇跑。

　　圖窮匕現後，荊軻拉著秦王的袖子，逼他許下承諾，秦王沒有答應，反而感慨道：「我知道我今天一定會被你殺死，但我想在死前聽一支曲。」生死一線的剎那間，秦王居然要求荊軻，讓他召歌姬上殿彈琴，荊軻又居然答應了，想來，那時的小說較重視奇情異行，不太把常理邏輯放在心上。

歌姬唱道：「羅縠單衣，可掣而絕。八尺屏風， 可超而越。鹿盧之劍，可負而拔。」即是說，你被荊軻捉著的袖子，扯一扯就會裂了；你可以跳過八尺的屏風逃跑；長劍負在背上，就能拔出來了。這分明是給秦王提示，原來歌姬才是真正的武林高手！

秦王精通音律，馬上就明白了，荊軻不懂音樂，不明白提示，就讓秦王逃掉了。原來，刺客也要懂音樂。

現代演繹有不同的角度

現代也有大量荊軻故事的改編，拍秦始皇的故事時，荊軻、呂不韋、孟姜女是一定會出現的，好像已經成了一個套餐。

80 年代電視劇《秦始皇》中，劉永演秦始皇，劉松仁演荊軻，那時的廠景較小，皇宮比客廳大不了多小，秦始皇都要繞柱逃跑一次，把整個刺殺的過程都拍出來了，劉松仁明明是帥哥，刺殺時也要怒髮衝冠。那個年代，拍攝荊軻故事是比較依從原著的。

《秦始皇》電視海報（圖片來源：互聯網）

90 年代末，陳凱歌拍《荊軻刺秦王》，就開始發揮二次創作的改編精神了。老實說，電影中的荊軻並不像是主角，反而再次講述秦始皇的家世（贏政其實不是秦王所生，而是呂不韋的私生子，這個「驚天大秘密」已經重演了一百次）。

但到了刺殺的關鍵一幕，秦王居然容許荊軻帶劍，兩個人單打獨鬥，結果秦王一記就打倒了荊軻，簡直就是西部牛仔片，兩個人單挑，一招決勝負，或者這套戲該倒轉過來，叫《秦王刺荊軻》。

在春秋戰國時代，人們把秦始皇視為邪派大魔頭，因為他以強欺弱，滅了六個國家嘛，所以對秦始皇的演繹已經有了既定的立場。但如果秦始皇沒有滅六國，國與國之間繼續打仗吞併，天下一片混亂，因此近年來，我們不再覺得秦始皇是暴君，反而變成了主角。

《荊軻刺秦王》電影海報（圖片來源：互聯網）

到 2000 年後，張藝謀拍了齣電影《英雄》，李連杰演殺手，他不叫荊軻，叫無名，真搞不懂為啥那年代的俠士都喜歡叫無名，秦始皇也只叫秦王，一個叫無名的刺客要去殺秦王。但「無名」很明顯象徵荊軻，他最後沒有殺秦王，原因是希望秦王能統一六國，只有秦始皇才成功統一六國嘛。

　　那段戲是說李連杰要連續打倒三個殺手，分別是甄子丹、張曼玉和梁朝偉，三個人都要來殺秦王，李連杰要殺了他們，才能靠近秦王。李連杰的絕招是「十步一殺」，只要走近秦王十步內的距離，就必定能斬死秦王，所以，雖然他武功不及三個明星殺手，但三人都把這重任交給他，自願赴死。

　　李連杰和秦王對話，秦王說，我知道這一刻，如果我們決鬥，我一定會死，但我告訴你，我是不應該死的。李連杰也回答，梁朝偉飾演的「殘劍」臨死前，給了他一張爛紙，上面寫著兩個字 —「天下」。他 不再用燕國或六

《英雄》電影海報（圖片來源：互聯網）

國的角度去看秦國，認為秦國不應坐大，而是站在整個天下的立場，天下不統一，死的人只會更多。

　　為了天下，李連杰不但沒有殺秦王，還自願讓秦王殺了他。大家都不明白，為何李連杰要付出自己的性命，去站在秦王面前說這句話，他不說，秦王也會統一六國嘛。

　　劇本是給了一個解釋的，我們推崇的《倚天屠龍記》中，屠龍刀裡有兵書，教人統一天下，倚天劍內有絕世武功，如果你得到天下後，無法通過皇帝的專業評核試，就會有刺客拿著倚天劍來殺你了。這就是說，沒有極致的皇權，可以為了天下著想，給你做皇帝，但皇帝做得不好，一樣完蛋。

　　所以，李連杰是來警告秦王，要做個好皇帝，但他好像警告不了，他人都死了，還怎麼威脅「你以後做得不好的話，我會來刺殺你唷」。

那時對俠也是有分類的，「相卿之俠」是有權有勢的大俠，幫王上工作，例如信陵君之類，「布衣之俠」則沒有身份，靠自己的力量去達到公義。在司馬遷的年代，皇權是極權，所以大家會描寫「布衣之俠」的故事。

　　事到如今，「布衣之俠」的武俠小說已經說了兩千年，大家的角度開始轉變，會由整個社會出發，去看一個故事。

歷史大人物：戰國

作　　者：黃獎
出　版　人：麥家昇
封面美術：Hinggo Lam
內文設計：Hinggo Lam
內文協力：輝

出　　版：今日出版有限公司
地　　址：香港 柴灣 康民街 2 號 康民工業中心 1408 室
電　　話：(852) 3105-0332
電　　郵：info@todaypublications.com.hk
網　　址：www.todaypublications.com.hk
Facebook 關鍵字：Today Publications 今日出版

發　　行：泛華發行代理有限公司
地　　址：香港 新界 將軍澳工業村 駿昌街 7 號 2 樓
電　　話：(852) 2798-2220
網　　址：www.gccd.com.hk

印　　刷：大一數碼印刷有限公司
電　　郵：sales@elite.com.hk

圖書分類：歷史 / 流行讀物 / 中國歷史
初版日期：2024 年 7 月
ISBN：978-988-70184-2-1
定　　價：港幣 88 元 / 新台幣 390 元

軻既取圖奏之，秦王發圖，圖窮而匕首見。因左手把秦王之袖，而右手持匕首揕之。未至身，秦王驚，自引而起，袖絕。拔劍，劍長，操其室。時惶急，劍堅，故不可立拔。荊軻逐秦王，秦王環柱而走。群臣皆愕，卒起不意，盡失其度。而秦法，群臣侍殿上者，不得持尺寸之兵；諸郎中執兵，皆陳殿下，非有詔不得上。方急時，不及召下兵，以故荊軻逐秦王，而卒惶急無